Henriette Saalbach

Die kleine sächsische Köchin

Henriette Saalbach

Die kleine sächsische Köchin

ISBN/EAN: 9783944350370

Auflage: 1

Erscheinungsjahr: 2013

Erscheinungsort: Bremen, Deutschland

KOCHBUCH VERLAG

Die kleine
Sächsische Köchin

oder:

Die auf 15jährige Erfahrungen begründete

Kochkunst

im bürgerlichen Hausstande, in welchem man

ohne großen Kostenaufwand

die verschiedenartigsten Speisen äußerst nahr-
haft und schmackhaft herstellen kann.

Allen Frauen und Mädchen gewidmet

von

Henriette Saalbach.

Vierte, verbesserte und vermehrte Auflage:
Mit einer Abbildung.

Dresden.
Verlag von Woldemar Türk.

Was ich durch fünfzehn Jahre langes Mühen
In manchem Haushalt praktisch durchgemacht,
Das, liebe Frau'n und Mädchen, Euch zu bieten,
Hat dieses kleine Werk hervorgebracht.
Es bietet viel auf seinen wen'gen Seiten,
Lehrt manche gute Speise Euch bereiten
Und manches Neue, das Ihr nicht gekannt.
D'rum nehmt es hin, und habt Ihr es gefunden,
Daß praktisch es und unentbehrlich ist,
Dann habt Ihr mir viel frohe Stunden
Geschenkt, die ich bisher vermißt.

Die Verfasserin.

Inhalt.

2. Verschiedene Arten Mus.

3. Brühen und Saucen.

4. Zubereitung des Fleisches.

1. Das Rindfleisch.

2. Das Kalbfleisch.

— VIII —

13. Pudding und allerhand Gefülltes.

14. Eingemachte Gemüse und Früchte.

15. Warme uud kalte Getränke.

16. Verschiedene Backwerke.

Nothwendige Küchenregeln.

1. Die ersten und wichtigsten Eigenschaften, welche man in einer Küche zu beobachten hat, sind: Ordnungsliebe, Pünktlichkeit und Reinlichkeit. Eine Köchin, welche diese Eigenschaften in sich vereinigt, kann dann sicher auf eine gute Behandlung rechnen.

2. Kochgeschirre von Kupfer und Eisen müssen gleich nach jedem Gebrauch gereinigt und getrocknet werden; es dürfen durchaus keine Speisen darin gekocht werden, welche Säure enthalten, weil diese den giftigen Grünspan leicht entwickeln, vorzüglich dann, wenn die Speisen darin stehen bleiben.

3. Irdene Gefäße sind allen andern vorzuziehen, weil die Speisen darin den reinsten Geschmack behalten.

4. Zur Aufbewahrung der Speisen sind Gefäße von Steingut, Porzellan oder Glas am besten zu empfehlen.

5. Aus einer finstern Küche genießt man viel Unreines.

1. Suppen.

Es ist hier bei allen Suppen auf 1 Dresdner Kanne gerechnet, doch kann es auch etwas mehr oder weniger, dicker oder dünner sein.

Aepfelsuppe.

Man nimmt 5 bis 6 Aepfel von guter Art, schält und schneidet sie in Stückchen und nimmt die Kerne heraus, läßt sie im Wasser weich kochen und schlägt sie dann durch einen etwas weiten Durchschlag. Ferner thut man ein wenig geriebene Semmel oder Zwieback, Zucker und Zimmet daran, und läßt sie wieder aufkochen. Auch wird, wenn die Aepfel etwas säuerlichen Geschmack haben, ein wenig Wein oder Citronensaft daran gethan.

Kürbissuppe.

Der Kürbis wird in Streifen geschnitten, die Schalen und das Faserige inwendig weggethan, in Wasser oder Milch weich gekocht, dann durchgestrichen und mit Butter, Salz, Zimmet oder Zucker über geschnittenen Semmelscheibchen angerichtet.

Biermüschen.

1 Kanne Bier mit einem Stückchen ganzen Zimmet läßt man kochen, nebst ½ Kanne Milch, jedes einzeln, quirlt 2 Eier und 1 Löffel gutes Mehl in ein wenig Wasser oder Milch und zieht die Eier mit der kochenden Milch ab. Nun thut

man Alles zusammen in einen Topf, läßt es unter
beständigem Quirlen ein wenig am Feuer anziehen,
thut Butter, Salz, klaren Zimmet und Zucker hinein
und richtet sie über würflich geschnitener Semmel an.

Biersuppe mit Kümmel.

Hierzu kann man hartes Brot benutzen, läßt
es einige Stunden im Wasser weichen, alsdann
wird 1 Kanne Bier darauf gegossen und mit
Kümmel bei gelindem Feuer kochen gelassen; der
Kümmel muß aber zuvor gereinigt werden, da er
immer viel Staub enthält. Wenn es ein wenig
gekocht hat, wird es gut gequirlt, Salz, Butter
und Zucker daran gethan und angerichtet.

Sago=Suppe.

Eine Obertasse voll Sago wird zwei Mal
abgewaschen, dieser in einen 2=Kannen=Topf gethan,
mit heißer Fleischbrühe oder mit brauner Brühe
so lange kochen gelassen, bis alle Körner gläsern
sind, und richtet ihn dann ohne Weiteres an.
Auch kann man ihn mit rothem Wein kochen und
mit Zucker und Zimmet anrichten.

Kartoffelsuppe.

Man schält und schneidet 8 bis 10 rohe Kar=
toffeln von mittlerer Größe in kleine Stückchen
und kocht sie in Fleischbrühe weich, unterdessen röstet
man einige Löffel Mehl in Butter braun, thut
dieses zu den Kartoffeln und läßt noch Alles gut
aufkochen.

Kartoffelsuppe auf andere Art.

Sechs bis acht rohe Kartoffeln werden geschält, in Stückchen geschnitten, mit Sellerie, Zwiebeln und Salz kochen gelassen, gut gequirlt, mit 1 oder 2 Eiern abgezogen, Butter und Pfeffer nach Belieben daran gethan; auch kann man Schöpsenfett dazu verwenden.

Weinsuppe.

Hierzu nimmt man ½ Kanne Wein, ½ Kanne Wasser und läßt dieses zusammen mit Zucker und Zimmet aufkochen; alsdann wird solches mit vier Eidottern und einer Messerspitze Kartoffelmehl abgequirlt und über Zwieback oder Bisquit angerichtet.

Blumenkohlsuppe.

Man nimmt einige Stauden Blumenkohl, putzt ihn sehr gut ab, siedet ihn erst einmal mit kochendem Wasser auf; alsdann wird das Wasser wieder rein ab- und Fleischbrühe darauf gegossen. Nun läßt man es ein wenig kochen, doch darf es nicht zu weich werden, quirlt 2 Eier und 1 Eßlöffel Mehl in kaltes Wasser, läßt es unter beständigem Rühren mit dem Blumenkohl aufkochen und richtet es mit geriebener Muskate an.

Buttermilchsuppe.

Die Buttermilch muß man unter beständigem Quirlen kochen lassen. Nun quirlt man 2 Eier und 2 Eßlöffel Mehl in kalter Sahne ab, gießt es dann unter beständigem Umrühren zur kochenden

Buttermilch und richtet sie über Semmel oder Brot an, welches in Würfel oder Scheiben geschnitten wird.

Chocoladensuppe mit Milch.

Hierzu nimmt man 1 Kanne Milch und 4 Loth Chocolade, und läßt es zusammen ein wenig kochen, alsdann werden 2 Eierdotter und 1 Messerspitze Kartoffelmehl in Milch gequirlt und dieses zur kochenden Chocolade unter beständigem Quirlen gegossen. Man richtet sie mit ein wenig Zwieback an; auch wird Zucker und Zimmet nach Belieben dazu gethan.

Eingebrannte Mehlsuppe.

Man nimmt 1 Kanne Wasser oder Fleischbrühe, bräunt in Fett oder Butter 2 Löffel Mehl mit etwas Zwiebel und thut es alsdann mit Salz zu dem Kochenden. Nun läßt man es noch ein wenig aufkochen und richtet sie über Semmel oder Brot an, welches in Scheiben geschnitten wird.

Eiersuppe.

Man reibt für 3 Pf. harte Semmel, quirlt 2 Eier, etwas Butter und ein wenig Muskate, rührt alsdann die Semmel und das Gequirlte gut unter einander und gießt es langsam zu 1 Kanne kochender Fleischbrühe und richtet sie an.

Erbsensuppe.

Die Erbsen werden in Wasser weich gekocht, durch einen Durchschlag geschlagen, Butter, Salz und ein wenig Petersilie hinein gethan, Alles zusammen wieder aufkochen gelassen und über in Butter gerösteter Semmel angerichtet. Auch kann man gekochte Erbsen, welche übrig geblieben sind, dazu verwenden.

Fadennudelsuppe.

Sobald 1 Kanne Fleischbrühe kocht, werden 4 Loth trockene Fadennudeln, welche man erst einmal auseinander bricht, langsam unter beständigem Heben mit dem Quirl hineinfallen gelassen; — vergißt man, dieses zu beobachten, so werden sie klosig, — alsdann läßt man sie noch eine kleine Viertelstunde quellen und richtet sie mit geriebener Muskate an.

Gräupchensuppe.

5 Loth feine Gräupchen werden in kaltem Wasser abgeschleimt; man läßt sie alsdann in kochendem Wasser ausquellen und gießt Fleischbrühe zu, etwas Wein oder Citronensaft mit hinein. Dieses wird zusammen noch einmal aufgekocht und mit geriebener Muskate angerichtet. Ebenso verfährt man bei der

Reissuppe,

nur daß man hier ganz gute Brühe nimmt und den Wein oder Citronensaft wegläßt.

Griessuppe.

Man nimmt 3 Eßlöffel Gries, quirlt ihn in einer Kanne kochender Fleischbrühe und läßt ihn

eine Stunde kochen. Ist es Kalb- oder Hammel-
fleischbrühe, so muß man etwas Butter daran thun
und solche mit kochen lassen; man richtet sie mit
gut geriebener Muskate an.

Hollunder- oder Schibeckenbeersuppe.

Der reife Hollunder wird abgebeert, gewaschen,
in einen Topf gethan, mit Wasser voll gefüllt und
eine Stunde kochen gelassen, dann zerquirlt, durch
einen Durchschlag gestrichen und wieder in den Topf
gethan und mit Wein oder Wasser voll gegossen.
Wenn es dann wieder kocht, mit Kartoffelmehl
abgezogen und Zucker, Butter, Zimmet und Salz
hinein gethan und über in Butter gerösteten Semmelscheibchen angerichtet.

Kerbelsuppe.

Der Kerbel wird rein gelesen, gewaschen, gewiegt und mit etwas Butter und Salz in kochendes
Wasser gethan; läßt ihn eine Viertelstunde kochen,
quirlt ihn mit 2 Eiern und etwas Mehl ab und
richtet die Suppe über in Butter gerösteten Semmelscheibchen an. Auf gleiche Weise bereitet man auch
Selleriesuppe, Petersiliensuppe, Brunnen-
kressensuppe.

Milchsuppe.

Man setzt 1 Kanne Milch über das Feuer;
wenn sie kocht, quirlt man sie mit 2 Eiern und ein
wenig Mehl und Salz ab und richtet sie über geschnittenen Semmelscheibchen an.

Hagebuttensuppe.

1 Nösel Hagebutten wird mit 3 Nösel Wasser, etwas Citronenschale, ganzem Zimmet und 2 Nelken weich gekocht, alsdann durchgeschlagen, gezuckert, mit Citronensaft, auch Wein, über Zwieback angerichtet.

Portulacksuppe.

Von 2 Händen voll Portulack werden blos die Blätterchen genommen und rein gewaschen; dann setzt man einen Tiegel über Kohlen, läßt den achten Theil von einem Stück oder 2 Loth Butter darin zergehen, thut den Portulack in die zergangene Butter und läßt ihn weich schmoren. Während dem setzt man Fleischbrühe an's Feuer, und wenn sie kocht, wird sie mit 1 oder 2 Eiern und 1 Eßlöffel Mehl (welches vorher mit ein paar Eßlöffel kaltem Wasser abgerührt worden) gehörig abgequirlt. Hierauf wird der weich geschmorte Portulack in die Fleischbrühe und etwas Muskatenblume dazu gethan. Alles zusammen läßt man noch ein wenig anziehen. Sollte sie noch zu dünn sein, so kann man etwas geriebene Semmel daran thun.

Suppe von schwarzem Brote.

Man schneidet von einem schwarzen Brote einige runde Stücken ab und röstet sie über Kohlen oder im Ofen gelblich braun; erkaltet werden solche in kleine Stückchen zerbrochen, nebst einem kleinen Stück Zimmt und etwas Citronenschale in einen Topf gethan, kaltes Wasser darüber gegossen und weich gekocht. Ist dieses geschehen, so reibt man es durch einen Durchschlag, thut kleine Rosinen,

Zucker, Citronenscheiben und nach Belieben weißen
Wein hinzu, und läßt die Suppe verdeckt bis zum
Sämigwerden kochen.

Suppe mit Eierstand.

4 Eier werden in einer halben Kanne kalter
Brühe oder Rahm zerquirlt, Salz und Muskate
dazu gethan. in ein Töpfchen gegossen, dies in einen
Topf kochendes Wasser gesetzt, und so fest werden
lassen. Wenn es steif und verkühlt ist, wird es
mit einem Löffel stückweise in die Terrine gelegt
und die kochende Brühe darauf gegossen.

Die Brühe kann mit Wurzeln und Kräutern,
als: Sellerie, Kerbel, Spinat und Portulack, aufkochen.

Heidelbeersuppe.

Frische oder eingemachte Heidelbeere werden
mit Wasser und einem Stückchen Zimmet gekocht,
dann durch ein Haarsieb gestrichen, etwas Butter,
viel Zucker hinzugethan und wieder zum Feuer gebracht und kochend mit wenig Kartoffelmehl abgezogen, mit in Butter gerösteter Semmel oder Zwieback angerichtet, oder auch erkaltet zur Tafel gebracht.

Hafergrützsuppe.

Der Hafergrütze wird mit Wasser, etwas ganzem
Zimmet und wenig Citronenschalen beigesetzt, läßt
dies 1 Stunde kochen und streicht es durch ein Bruch-
sieb. Das Durchgelaufene thut man wieder in
den Topf nebst kleinen Rosinen, die man zuvor für
sich allein gekocht hat. Dies wird nun aufgekocht,

mit Zucker süß gemacht, Butter und wenig Salz hinzugethan und über würfliche in Butter geröstete Semmel angerichtet.

Suppe von frischen Kirschen.

Man nimmt abgebeerte Kirschen, wäscht sie und nimmt die Kerne heraus, gießt Wasser darauf und läßt es mit Nelken und ganzem Zimmet eine kleine Stunde kochen; alsdann gießt man sie durch ein Haarsieb oder Durchschlag, läßt sie aufkochen und zieht sie mit Kartoffelmehl ab. Wein und Zucker kann man nach Belieben hinzu thun und über geröstete Semmel oder Zwieback anrichten.

2. Verschiedene Arten Mus.

Kartoffelmus.

Man setzt rein geschälte und geschabte und in Stückchen geschnittene Kartoffeln mit Wasser an's Feuer, kocht sie ganz weich, rührt und zerquirlt sie dann, bis ein förmlicher Brei daraus geworden ist, und salzt sie während dieses Rührens gehörig. Manche geben nur braune Butter, Andere in Speck oder Butter geröstete Zwiebeln darauf. Man kann sie auch durchstreichen und mit Milch verdünnen.

Aepfelmus.

Die Aepfel werden geschält, bis auf den Kröbs

in Stückchen zerschnitten und mit etwas Wasser zugesetzt, das aber nicht bis über die Aepfel gehen darf. Sobald sie weich sind, werden sie mit einem halben Löffel Mehl recht klar gequirlt und beim Anrichten mit Zucker und Zimmet bestreut. Man trägt sie kalt auf. Sie können auch mit Butter und etwas Semmel gedämpft und Wein und Citronensaft daran gethan werden, auch kann man nach dem Durchreiben kleine Rosinen daran thun.

Pflaumenmus.

Man wäscht frische oder trockene Pflaumen, setzt sie mit halb Wasser und halb Wein zum Feuer und läßt sie kochen. Wenn sie gut gekocht sind, treibt man sie durch einen Durchschlag, thut alsdann das durchgetriebene Mus wieder in die Kasserole mit etwas Zucker, Zimmet und einem Stückchen Citronenschale und läßt es noch ein wenig kochen. Aufgetragen wird es in einer Salatschale.

Kirschmus.

Man setzt die Kirschen mit Wasser, Zucker, Zimmt und Citrone zum Feuer und läßt sie kochen. Wenn sie gut gekocht sind, treibt man sie durch einen Durchschlag und bei'm Auftragen bestreut man sie mit Zucker und Zimmet. Auch kann man während des Kochens etwas Wein daran thun.

Weinmus.

Geriebene Semmel wird in Butter geröstet, Wein dazu gegossen, Zucker, Zimmet und Kardamomen dazu gethan und läßt es kochen, doch nicht zu lange. Wenn es gut ist, so rührt man das Gelbe von 2 Eiern darunter, schüttet es in eine Salatschale und läßt es kalt werden.

Reismus.

Man nimmt ein halbes Pfund Reis, quirlt ihn einige Male in kochendem Wasser ab und setzt ihn dann mit 1½ Kanne Milch an's Feuer und läßt ihn unter beständigem Rühren mit ein wenig Salz gar kochen. Bei'm Anrichten begießt man das Mus mit brauner Butter und streut Zucker und Zimmet darüber

Hirsemus.

Für 4 Personen nimmt man 1 Nösel Hirse, quirlt ihn mit warmem Wasser ab und läßt das Wasser durch einen Durchschlag wieder rein ablaufen. Nun schüttet man den Hirse in 3 Nösel kochende Milch und läßt ihn bei gelindem Feuer unter öfterem Umrühren eine Stunde langsam kochen, salzt ihn ein wenig und begießt ihn bei'm Anrichten mit brauner Butter, streut Zucker und Zimmet darüber.

Griesmus.

Der Gries wird sogleich in die kochende Milch gequirlt und man verfährt dann auf dieselbe Weise, wie mit dem Hirse- und Reismus.

Milchmus mit Mehl.

In 2 Kannen gute Milch quirlt man, wenn sie kocht, 5—6 Löffel weißes Mehl, doch nur nach und nach, damit es nicht klumpig wird. Nun läßt man den Topf nur noch ein klein wenig auf der heißen Stelle stehen, aber ja nicht aufkochen, sonst wird es schlierig. Beim Anrichten thut man braune Butter darüber.

Wassermus

wird wie der Milchmus behandelt. Sobald das Wasser kocht, quirlt man das Mehl nach und nach hinein, schneidet ein Paar Zwiebeln würflich, bratet sie in Butter oder Speck und streut sie über das zuvor gehörig gesalzene Mus.

Kürbismus.

Der Kürbis wird geschält, in Stücke geschnitten, die Kernmasse herausgenommen, und, nachdem er im Wasser mit etwas Salz weich gekocht ist, wird das Wasser wieder rein ab- und kochende Milch dazu gegossen. Wenn er in dieser nun eine Weile gekocht hat, so wird er klar gerührt, mit 2 Eiern und einem halben Löffel Mehl abgequirlt und kurz vor dem Anrichten noch geriebene und in Butter geschmorte Semmel darunter gerührt, auch Muskatenblüthe noch hinzu gethan.

3. Brühen und Saucen.

Braune Brühe.

Eine Brotrinde wird ganz fein gerieben, 1 Eßlöffel Mehl darunter gemengt, in Fett oder Butter braun geschmort, alsdann wird Fleischbrühe dazu gegossen und ein wenig kochen gelassen. Nun wird etwas Wein, der Saft einer Citrone und ein Stückchen Zucker hinein gethan und noch ein wenig anziehen gelassen. Beim Anrichten rührt man ein Paar gestoßene Nelken und Kardamomen dazu.

Weil es eine sehr herzhafte und wohlschmeckende Brühe ist, kann man sie zu zahmen und wildem Fleische geben.

Saure und süße Brühe.

Man brennt das Mehl dazu vorzüglich braun und schmort in Fett oder Butter eine klein geschnittene Zwiebel, sodann wird die kochende Fleischbrühe dazu gegossen und ganz klar aufgekocht. Alsdann thut man guten Essig, ein wenig Wein, Lorbeerblatt, Pfeffer, Nelken, Neuewürze und Citronenscheibchen dazu, läßt dies so ein wenig kochen und versüßt die Brühe mit Zucker oder Syrup. Man kann sie zu gekochtem Rindfleisch, Zungen u. s. w. geben.

Sardellenbrühe.

Man wiege 6—8 Stück Sardellen und 1 Zwiebel ganz klein, nimmt etwas Butter, 4 Eidotter, Mehl, Wein und Fleischbrühe und rührt Alles auf dem Feuer zu einer dicklichen Brühe zusammen, welche man zu Hecht, Kalbfleisch u. s. w. giebt.

Zwiebelbrühe.

Man schäle und schneide einige Zwiebeln in Vierteln und koche sie in Fleischbrühe mit etwas gereinigtem Kümmel gar; dann thut man geriebene

Semmel dazu, daß es eine dickliche Brühe wird, und richtet sie über Schöpsenfleisch an.

Petersilienbrühe.

Gereinigte und fein gehackte Petersilie wird in Fleischbrühe gekocht, dann wird geriebene Semmel in Butter geröstet und dazu gethan, dicklich ein-kochen gelassen und zu Rindfleisch angerichtet.

Meerrettigbrühe.

Rein abgeschabter und geriebener Meerrettig wird mit kochender Fleischbrühe übergossen und ge-kocht, sodann wird geriebene Semmelkrume dazu gethan und noch ein wenig anziehen gelassen. Auch kann man die Brühe mit einigen Eidottern abquirlen, wovon sie schön gelb wird. Je länger der Meer-rettig kocht, desto mehr verliert er an Schärfe.

Kümmelbrühe.

Man kocht gequetschten Kümmel in Fleischbrühe auf, dann wird geriebene und geröstete Semmel hinzugethan, dieses ein wenig aufkochen gelassen und zu Schöpsenfleisch angerichtet.

Rosinenbrühe.

Große und kleine Rosinen werden rein gelesen und gewaschen, in Fleischbrühe oder Wasser gekocht. Alsdann wird Mehl in Butter oder Fett geröstet, etwas Wein, ein wenig Essig, gestoßene Nelken, Citronenscheibchen, Lorbeerblätter, Zucker und gerie-bener Pfefferkuchen dazu gethan und zusammen gut durchkochen gelassen. Man giebt sie zu Rindfleisch, Rindszunge u. s. w.

Heringsbrühe.

Man wässere einen Hering drei Stunden lang, schäle und gräte ihn aus und wiege ihn nebst einer Zwiebel recht fein. Nun wird Mehl in Butter geröstet und mit Brühe verdünnt, alsdann der Hering mit etwas Citronensaft hinzugethan und ein wenig am Feuer anziehen gelassen.

Pflaumenmusbrühe.

Man quirlt ein halbes Pfund Pflaumenmuß im Wasser mit etwas Essig, thut ein wenig Butter, Zimmet, Nelken und viel Zucker hinzu und läßt es gut aufkochen.

Weinsauce.

4 Eier werden in einer halben Kanne Wein nebst 1 Kaffeelöffel Kartoffelmehl und 7 Loth Zucker in einem Kannentopfe durcheinander gequirlt, dann wird der Topf auf glühende Kohlen gesetzt und immerfort gequirlt, bis es dick wird. Die Sauce wird zu Mehlspeisen und Pudding gegeben. Auch muß man noch etwas kalten Wein zugießen, wenn die Sauce zu schnell dick wird.

Himbeersauce.

Man drückt die Himbeeren durch ein reines Tuch, kocht sie mit etwas Wasser und Wein, Zucker und Zimmt; wenn es kocht, wird die Sauce mit ein wenig Kartoffelmehl abgezogen und zu Mehlspeisen gegeben. Hat man keine frischen Himbeeren, so nehme man Saft. — Auf die nämliche Art macht man

Johannisbeersauce,

nur erfordert diese etwas mehr Zucker als Him-
beersauce.

Chocoladensauce.

½ Kanne Rahm wird kochend gemacht, dann
¼ Pfund geriebene Chocolade dazu gethan und
wieder ein wenig anziehen lassen. Dann werden
2 Dottern nebst 1 Kaffeelöffel Kartoffelmehl in etwas Milch zerquirlt und die Sauce damit abgezogen.
Sollte es von der Chocolade nicht süß genug werden,
so kann man noch Zucker dazu thun.

Senfsauce.

Man bratet eine geschnittene Zwiebel in Butter
mit Mehl hellbraun, thut dies in einen Topf, gießt
Fleischbrühe oder Wasser darauf, giebt einige Lorbeerblätter, Citronenscheiben, Zucker, Salz und
Essig hinzu und läßt es aufkochen, dann guten
Senf daran, und giebt es so zu Rinds-, Schöps-
und Schweinefleisch.

Citronensauce.

Man setzt in einem Tiegel Butter auf das
Feuer. Ist diese braun, so rührt man etwas Mehl
hinein, bis dasselbe goldgelb wird. Hierauf gießt
man Fleischbrühe nebst Wein darauf, wirft Muskaten-
blüthen hinein und läßt es mit geschnittener Citrone
aufkochen. Auch kann man den ausgepreßten Saft
von der Citrone mit dazuthun. Jedoch muß man

*

die Kerne der Citrone zurücklassen. Sie wird zu Kalb- oder Lammfleisch, Zungen und Federvieh gegeben.

Gurkensauce.

Man macht Mehl in Butter gelb-braun mit fein gehackten Zwiebeln, thut dazu ein Lorbeerblatt, eingemachte Gurken, Thymian, Pfeffer und Nelken, gießt Brühe dazu, soviel man nöthig hat, und läßt dies aufkochen. Zuletzt thut man Citronensaft, Essig und Zucker dazu. Sie wird zu Schöps- und Rindfleisch gegeben.

4. Zubereitung des Fleisches.

1. Das Rindfleisch.

Frisches Rindfleisch zu kochen.

Ein derbes Stück Rindfleisch, aus der Keule oder Blume ist es am besten, so viel als man nöthig hat, wird rein abgewaschen, mit Wasser und Salz an's Feuer gesetzt und drei bis vier Stunden kochen gelassen. Sobald es anfängt zu kochen, wird sich ein grauweißer Schaum zeigen, welchen man sogleich und immer nach und nach mit einem Schaumlöffel rein abnimmt, bis es hell kocht. Soll die Brühe schmackhaft werden, so werden Sellerie-, Möhren-, Pastinack- und Petersilienwurzeln, wie auch

Zwiebeln und Pfefferkörner mit dazu gethan. Wenn man von diesem Wurzelwerk das eine oder andere nicht hat, kann es auch wegbleiben, dann kann man auch statt des Wurzelwerkes nur Lorbeerblätter und Pfefferkörner dazu verwenden. Diese Brühe, durch ein Haarsieb gegossen, braucht man zu Suppe oder Gemüse.

Sauerbraten.

Man lege ein derbes Stück Rindfleisch vier bis fünf Tage in Essig, spicke es mit Speck und lege es in die Bratpfanne, gieße Essig und Wasser zu und lasse es unter öfterem Begießen braun braten. Wenn der Braten gewendet wird, kommt ganzer Pfeffer, Nelken, Lorbeerblätter, Zwiebeln und einige Citronenscheibchen mit dazu. Eine Brotrinde wird mit hineingelegt, damit die Brühe dicklich wird.

Sauerbraten auf eine andere Art.

Es wird ein derbes Stück Rindfleisch aus der Keule oder Oberschale zwei bis drei Tage in Wasser und Bier gelegt, mit Speck gespickt, einige Speckscheibchen in die Bratpfanne, das Fleisch darauf gethan, und so eine Stunde bei gelindem Feuer in Speck dämpfen gelassen. Nun begießt man ihn nach und nach mit saurer Sahne fleißig, und sobald er gewendet wird, kommt ganzer Pfeffer, Nelken, Lorbeerblätter, Zwiebeln und einige Citronenscheibchen mit hinein. Eine Brotrinde oder Pfefferkuchen wird mit eingelegt, damit die Brühe dicklich wird. Wer will, kann die Brühe auch durchschlagen.

Rindsbraten.

Man nehme ein Stück Keule oder Oberschale, poche es tüchtig und wasche es rein ab, spicke es mit Speck und lege es in die Bratpfanne auf eine Bratenleiter. Nun wird Salz, Zwiebeln, Pastinack- wurzel, Sellerie, Petersilie und Möhren mit hinein- gelegt, kaltes Wasser darauf gegossen und unter fleißigem Begießen langsam braten gelassen, damit der Braten recht mürbe wird.

Wenn der Braten gewendet wird, kommen Ci- tronenscheibchen und Lorbeerblätter mit hinein, ist er schön gelbbraun, so ist er gut. Eine Brodrinde oder Pfefferkuchen kommt mit hinein, damit die Brühe dicklich wird. Diese wird auch durchgeschlagen.

Rindszunge zu kochen und zu braten.

Die Rindszunge muß vier bis fünf Stunden kochen, ehe sie weich wird; ist sie alsdann mit Wasser und Salz abgekocht, so wird die Gurgel los- und die weiße Haut abgezogen. Hierzu paßt am besten Rosinen- oder Sardellenbrühe.

Will man sie braten, so wird die abgezogene Zunge in Scheiben geschnitten, in Mehl umgewendet und in Butter braun gebraten.

Kuheuter zu kochen und zu braten.

Das Kuheuter wird recht gut ausgewässert, in Wasser mit Salz weich gekocht, in dünne Scheibchen geschnitten und diese werden in Eiern, Salz und Mehl oder geriebener Semmel umgewendet, in Butter gelbbraun gebraten und mit Gemüse oder einer Brühe angerichtet.

Beefsteak.

Man nehme ein schönes Stück Lendenfleisch oder Oberschale, schneide es in dünne Scheibchen, wie eine Untertasse groß, hacke oder klopfe es tüchtig und reibe es mit Salz oder Pfeffer gehörig ein, streue fein gewiegte Zwiebel darauf und lasse es schnell in zerlassener Butter braten. Beim Anrichten giebt man gewöhnlich Sauerkraut oder kleine Kartoffeln, braungelb geröstet, mit Senf dazu.

Rindskaldaunen oder Flecke.

Diese werden ganz rein gewaschen, dann in warmem Wasser abgebrüht und einige Stunden in Wasser mit Salz kochen gelassen. Nun werden sie in kleine Stückchen geschnitten und wieder in dieser Brühe mit Zwiebel, Lorbeerblatt, Nelken, ganzem Pfeffer und Essig weich gekocht. Man richtet sie gewöhnlich über gekochten Kartoffelstückchen an. Nur müssen die Kartoffeln zuvor mit einigen Löffeln Mehl gekocht werden, was man in Fett oder Butter gebräunt hat.

Rindfleisch einzupökeln.

Man nimmt derbes Rindfleisch, schneidet die Knochen ab und aus, reibt es mit Salz und ganz fein gestoßenem Salpeter auf allen Seiten tüchtig ein. Nun nimmt man einen Topf oder ein Fäßchen (wenn es zum Zuschrauben geht, ist es besser), bestreut den Boden dick mit diesem Salz und Salpeter, legt das Fleisch hinein, thut Lorbeerblätter, Nelken und ganzen Pfeffer darauf, auch mische man etwas klaren Zucker unter das Salz und Salpeter,

damit das Fleisch noch röther werde. Auch werden
so Rinds- und Schweinezungen, Schweinskeulen und
Schweinefleisch, auch Gänse eingepökelt.

---

2. Das Kalbfleisch.

Kalbfleisch zu kochen.

Das Kalbfleisch wird rein abgewaschen, mit
Salz und kochendem Waffer zum Feuer gesetzt, im
Topfe immer umgewendet, denn es legt sich sonst
leicht an, und ehe es anfängt recht zu kochen, gut
abgeschäumt und ein bis zwei Stunden gut kochen
gelaffen. Soll die Brühe schmackhaft werden, so
nimmt man einiges Wurzelwerk mit dazu, welches
dann gewöhnlich für Kinder oder Patienten zur
Supve benutzt wird.

Wenn man das Kalbfleisch in kaltem Waffer,
wie das Rindfleisch, zusetzt, so kocht es nicht so
schön weiß, wie mit siedendem Waffer.

Kalbsbraten.

Die Keule wird geklopft, auch abgehäutet, und
mit Speck oder Butter in der Pfanne gebraten.
Wenn der Braten ½ Stunde bratet, und es unten
braun angesetzt hat, gießt man heißes Waffer zu.

Sobald der Braten gewendet wird, legt man
ihn auf eine Bratenleiter, streut geriebene Semmel
darauf, begießt ihn fleißig mit brauner Butter und
bratet ihn vollends gut. glaciren wird er sich dann
von selbst. Eine Zwiebel, Wurzelwerk und Brotrinde

thut man mit dazu, welches eine schöne Bratenbrühe
giebt, die man, ehe sie zum Braten gegeben wird,
durch einen Durchschlag gießt.

Saurer Kalbsbraten.

Die Keule wird gut geklopft, 3 bis 4 Tage
in Essig gelegt. Alsdann wird sie rein abgewaschen,
die schlappige Haut gut abgeputzt, mit Speck gespickt
und in halb Essig und Wasser gebraten. Wenn
der Braten gewendet wird, begießt man ihn mit
brauner Butter und bestreut ihn zuletzt mit gestoßenen Nelken.

Fricassirtes Kalbfleisch.

Zum Fricassee nimmt man gewöhnlich eine fette
Brust, läßt sie in Wasser mit Salz und Wurzelwerk
eine Stunde kochen. Alsdann wird sie heraus genommen, in beliebige Stücken geschnitten, in einen
reinen Lappen Majoran, Thymian und Esdragon
gebunden und in derselben Brühe nebst etwas Butter
weich gekocht. Hierauf werden einige Eidotter und
Mehl in etwas Wasser oder Wein über dem Feuer
gequirlt, und unter beständigem Rühren Brühe von
dem Fleisch dazu gegossen, so viel als man nöthig
hat, und angerichtet.

Kalbfleisch mit Majoran.

Sobald das Kalbfleisch weich gekocht ist, wird
geriebene Semmel in Butter geröstet, der Majoran
nebst der Fleischbrühe dazu gethan; der Majoran
muß aber zuvor getrocknet, durch einen Durchschlag
gerieben werden und zusammen am Feuer anziehen

gelaſſen. Alsdann wird die Rinde von der Semmel
würflich geſchnitten, in Butter geröſtet und bei'm
Anrichten darüber geſtreut.

Kalbfleiſch mit Kapern und Roſinen.

Sobald die kleinen Roſinen geleſen und rein
gewaſchen ſind, werden ſie in einem Töpfchen mit
ein wenig kaltem Waſſer an's Feuer geſetzt. Alsdann wird geriebene Semmel in einem Tiegel mit
Fett oder Butter geſchmort; iſt ſie gelb, ſo gießt
man Kalbfleiſchbrühe daran, ſchüttet die Roſinen
dazu und läßt es noch eine Weile zuſammen kochen.
Kurz vor dem Anrichten thut man erſt die Kapern
hinzu.

Will man die Brühe herzhaft haben, ſo gießt
man ein wenig Weineſſig hinzu oder drückt den Saft
von einer Citrone hinein und verſüßt ſie noch ein
wenig mit Zucker.

Kalbfleiſch mit friſchen Gurken.

Die friſchen Gurken werden geſchält, von den
Kernen befreit, würflich geſchnitten und in der Fleiſch-
brühe mit ein wenig Salz, Muskatenblume und
einigen Citronenſcheibchen langſam geſchmort, bis ſie
weich ſind. Dann thut man noch etwas geriebene
Semmel dazu und richtet es an.

Kalbscoteletten.

Man nimmt ſo viel Rippen, als man Coteletten
nöthig hat, ſtreift das Fleiſch mit dem Meſſer zurück,
ſo daß man die Rippen anfaſſen kann, klopft das
Fleiſch mit einem Hackemeſſer auf beiden Seiten,

bis es recht mürbe ist und dann bestreut man
jede Cotelette mit etwas Salz und Pfeffer. Hierauf
wird jede in einem gequirlten Ei umgewendet, mit
geriebener Semmel bestreut und in einem Tiegel
mit viel Butter schön gelbbraun gebraten.

Kalbsleber in Butter gebraten.

Die Leber wird gehäutet, in dünne Scheiben
geschnitten, mit Salz bestreut und in Mehl oder
feinem Gries umgewendet. Alsdann thut man
Butter und fein geschnittene Zwiebel in einen Tiegel
und legt, wenn die Butter recht schäumend aufsteigt,
die Leber hinein und läßt sie auf beiden Seiten
recht schön gelbbraun braten, nur nicht lange, sonst
wird sie hart. Angerichtet wird sie mit Salat,
rothen Rüben, Linsen u. s. w.

Gebackene Kälberfüße.

Man kocht diese in Wasser mit Salz weich,
bricht die Knochen heraus und läßt sie ablaufen.
Hierauf werden sie in Eier umgewendet, mit geriebener Semmel bestreut und in Butter gebacken.
Man kann sie auch mit Petersilie garniren.

Kalbsleber gedämpft.

Die Leber wird gehäutet, gehörig mit grobem
Speck durchsteckt und in ein Kälbernetz geschlagen.
Nun wird ein Schmortiegel genommen, ein Stückchen Butter, eine Zwiebel mit Nelken besteckt und
ein Paar kleine Scheiben Citrone hinein gethan.
Hierauf legt man ein Paar Stückchen Holz von
einer Bratenleiter in den Tiegel, legt die Leber,

wenn man sie zuvor gesalzen, so auf dasselbe, daß
sie von unten nicht anbrennt, und läßt sie bei gelindem Feuer langsam gut dämpfen; doch muß sie
einmal umgewendet werden. Man kann sie zu
vielerlei geben.

---

3. Das Schöpsenfleisch.

Schöpsenfleisch gut zu kochen.

Das dazu bestimmte Schöpsenfleisch wird in
beliebige Kochstücke gehauen, im Wasser rein abgewaschen, noch einmal mit heißem Wasser abgebrüht
und mit kochendem Wasser an's Feuer gesetzt. Nun
wird das nöthige Wurzelwerk und Salz dazu gethan,
gut abgeschäumt und etwas länger als drei Stunden kochen gelassen, bis es weich ist.

Schöpsenbraten gut zu braten.

Hierzu nimmt man gewöhnlich Keule. Der
Braten wird mit einem Küchenbeile gepocht, warm
abgewaschen, geknickt und die zähe, grobe Haut davon abgezogen, in eine Bratpfanne nebst Salz,
Zwiebeln und Knoblauch gelegt, etwas Wasser darauf gegossen und in die Bratenröhre gesetzt, drei
Stunden braten gelassen, bis er weich und braun
ist. Man darf ihm aber nicht zu starkes Feuer geben,
sondern unter öfterem Begießen sachte braten lassen.
Wenn der Braten gewendet wird, kann man ihn auch
mit geriebener Brotrinde oder Semmel bestreuen. Auch
kann man ihn mit Charlotten oder Zwiebeln spicken.

Schöpscoteletten

werden ganz nach dem Verfahren der Kalbscoteletten zubereitet.

---

4. Das Schweinefleisch.

Bei'm Schweinefleisch hat man darauf zu sehen, daß es jung ist und keine Finnen hat, welche wie kleine weißliche Drüsen sind, wie Hirse aussehen und sich in dem derben Fleische befinden.

Schweinebraten.

Hierzu kann man Keule oder sonst ein derbes Stück nehmen, wäscht es gut ab und setzt den Braten auf einer Bratenleiter in einer Bratpfanne mit Wasser, Salz und einer Zwiebel in die Bratröhre und läßt ihn zwei Stunden braten. Wenn er gewendet wird, schneidet man die Schwarte würflich und läßt ihn vollends gar braten. Auch kann man ein Stück Kalbfleisch mit braten, was den Geschmack beiderseits erhöht. Das Fett wird beim Braten und vor dem Vorrichten abgeschöpft. Der Schweinebraten wird auch mit Zimmet und Nelken gespickt, ehe man ihn bratet, und zuletzt, wenn er bald gut ist, mit geriebener Semmel bestreut.

Schweinefleisch mit Hirse.

Man koche das Schweinefleisch mit Wasser, Salz, einer Zwiebel nnd einem Lorbeerblatt weich und schäume es gut ab. Hierauf wird der Hirse

gewaschen und gebrüht, in einen Topf gethan, die
Fleischbrühe durch einen Durchschlag darüber ge=
gossen und läßt ihn mittelmäßig steif kochen. Noch
ist zu bemerken, daß der Hirse nicht viel Salz ver=
trägt und fleißig gerührt werden muß, damit er
nicht anbrennt.

Schweinscoteletten

werden wie Kalbscoteletten gemacht, nur nicht so
sehr gepocht, sondern nur breit geschlagen. (Siehe
Kalbscoteletten.)

Schinken zu kochen.

Der Schinken muß zuvor in kaltes Wasser
gelegt werden; man wäscht ihn dann mit Kleie und
warmem Wasser gut ab, thut ihn in einen Topf
und läßt ihn 3 bis 4 Stunden kochen, bis er gut
ist. Hierauf zieht man ihm die Schwarte ab, be=
streut ihn mit gestoßenem Pfeffer, Zimmet und
Nelken, oder blos Pfeffer und Salz, wenn er noch
warm ist, deckt dann die Schwarte wieder darüber,
welche man beim Essen wieder wegnimmt. Hierzu
giebt man Salat, gebackenes Obst, Erbsen, Linsen
u. s. w.

Sülze von Schweinefleisch.

Man nimmt 2 Pfund Schweinefleisch, gewöhn=
lich vom Kopfe, 3 Kalbsfüße, und läßt es in Wasser
mit Salz weich kochen, alsdann aus der Brühe
genommen und ausgekühlt; die Brühe wird geseiet,
rasch eingekocht, das Fleisch würflich geschnitten und
mit einer ganzen Zwiebel, Nelken, ganzem Gewürz,

Citronenschalen, einer Obertasse Weinessig, dem Saft einer Citrone, die Brühe durch ein Haarsieb darauf gegossen und noch einmal aufgekocht. Nun wird auf den Boden einer tiefen Schüssel von Citronenscheibchen ein Stern gelegt und legt von der Masse darauf, bis er angefüllt ist; dann stellt man die Schüssel an einen kühlen Ort und läßt es sülzen. Man giebt es mit Essig und gutem Oel.

Schweinepökelfleisch.

Zu 6 Pfund Schweinscarre stößt man 1 Loth Salpeter und mischt es unter 3 Loth Salz, reibt das Fleisch auf allen Seiten recht derb damit ein; alsdann wird es in ein Geschirr gelegt mit 3 Lorbeerblättern, 2 Nelken, Pfeffer und Neuewürze, läßt es bei fleißigem Umwenden 4 bis 6 Tage stehen, dann gebraten oder in Wasser ohne Salz weich gekocht und zu Linsen, Erbsen, weißen Bohnen, auch Sauerkraut gegeben.

Schweinefleisch und Schweinskeule zum Räuchern einzupökeln.

Das Ausführliche darüber siehe: „Rindfleisch einzupökeln." Doch ist Folgendes noch zu bemerken: Große Stücke, wie Schinken und dergleichen, müssen 4 bis 5 Wochen liegen, ehe sie durchpökeln, und die Oeffnungen zwischen Fleisch und Knochen müssen noch gehörig mit Pfeffer ausgestopft werden, doch darf das Umrütteln des Fäßchens nicht vergessen werden, damit die Lake immer über das Fleisch läuft. Alsdann werden Keulen und Fleisch 3, auch 5 Wochen in den Rauch gehängt.

5. Gemüse mit und ohne Fleisch.

Kartoffelstückchen.

Die Kartoffeln werden geschält, in Stückchen geschnitten, gewaschen und in Fleischbrühe weich gekocht. Nun kann man nach Belieben gewiegte Petersilie, Sellerie, Zwiebeln oder auch saure Gurken dazu thun und zu Rind- oder Schöpsenfleisch anrichten.

Kartoffelstückchen auf andere Weise.

Man schäle Kartoffeln roh oder gekocht, schneide sie in Stückchen, setze sie mit Fleischbrühe, Petersilie, nach Belieben auch mit etwas Majoran oder Kümmel an's Feuer, würze sie etwas mit Pfeffer und lasse sie nun gehörig gar kochen.

Saure Kartoffelstückchen.

Man schmore klargeschnittene Zwiebel in Butter, Speck oder Fett blaßgelb, thue in Butter braun geröstetes Mehl, gestoßene Neuewürze und etwas Pfeffer, auch ein Lorbeerblatt hinzu, quirle dieses gut durch einander und lasse es mit den zuvor gekochten, geschälten und in Stücke geschnittenen Kartoffeln, wenn man so viel Essig, als nöthig ist, daran gethan hat, aufkochen.

Reis.

Man nimmt zu 3 bis 4 Portionen ein halbes Pfund Reis, quirlt ihn einige Male mit kochendem

Wasser ab und läßt ihn mit Butter und guter Fleischbrühe ausquellen. Er darf aber nicht zu sehr gerührt, sondern mit dem Rührlöffel nur langsam umgedreht werden, damit er schön lang und ganz bleibt. Auch kann man große oder kleine Rosinen mit hinein thun und ihn mit Rind- oder Kalbfleisch und geriebener Muskate anrichten.

Linsen (auch saure).

Die Linsen werden gewöhnlich im kalten Fluß- wasser weich gekocht, alsdann wird klein geschnittene Zwiebel und Mehl in Butter oder Fett gelbbraun geröstet und läßt es zusammen mit Salz wieder aufkochen.

Will man sie sauer machen, so nimmt man gewöhnlich Weinessig und thut denselben mit hinzu, wenn das braun geröstete Mehl dazu kommt, und läßt es zusammen aufkochen.

Hierzu kann man Schinken, Bratwurst, Hering, Eier auf Butter 2c. geben.

Erbsen.

Die Erbsen werden zuvor gelesen und mit kal- tem Flußwasser angesetzt; sind sie eingekocht, so wird heißes Wasser zugegossen. Sobald sie weich sind, thut man das nöthige Salz, auch Zwiebel und Petersilie mit hinein und läßt es zusammen noch einmal aufkochen, quirlt oder drückt sie und richtet sie mit brauner Butter oder zerlassenem Speck an.

Sollen die Hülsen entfernt werden, so reibt man sie durch einen Durchschlag.

Hierzu giebt man gewöhnlich Rauch- oder Pökel-
fleisch, Bratwurst 2c.

Grüne Erbsen mit Möhren.

Sobald die Schoten ausgebeert, die Möhren
klein würflich geschnitten und rein gewaschen sind,
werden sie in Wasser oder Fleischbrühe gar gekocht.
Hierauf röstet man geriebene Semmel in Fett oder
Butter, läßt es zusammen mit klein gewiegter Peter-
silie, Salz und Zucker aufkochen und richtet sie an.
Hierzu giebt man Schweinefleisch, Bratwurst,
Coteletten 2c.

Weiße Bohnen.

Man läßt die Bohnen in Flußwasser weich
kochen, dann wird das Wasser ab- und Fleischbrühe
zugegossen; während dem Aufkochen wird Mehl und
klein geschnittene Zwiebel in Butter oder Fett gelbbraun geröstet und dazu gethan, nur wenig gerührt,
sonst wird es musig, und zu Wurst, Schöpsen- oder
Schweinefleisch 2c. gegeben.

Grüne Bohnen.

Die grünen Bohnen werden abgezogen, gewaschen und geschnitten, im Wasser mit Pfefferkraut
halbweich gekocht, dann das Wasser abgegossen und
in Fleisch- oder Schinkenbrühe weich gekocht. Nun
wird Semmel oder Mehl in Butter geröstet und
dazu gethan und zu Rindfleisch, Schinken 2c. gegeben.

Grüne Bohnen mit Milch.

Die grünen Bohnen werden abgezogen, fein

geschnitten und gewaschen. Dann werden sie in einen Topf gethan, worin kochendes Wasser ist, läßt sie weich kochen, gießt sie alsdann rein ab und thut Butter, Salz, gehackte Petersilie, Pfefferkraut und kochende Milch dazu, auch werden zuvor 1 bis 2 Löffel Mehl in Rahm oder guter Milch abgequirlt und dazu gethan, durch einander gerührt und zusammen noch einmal aufkochen lassen.

Hering, Carbonade und Eierkuchen werden gewöhnlich dazu gegeben.

Gräupchen.

Man läßt die Gräupchen zuvor in ein wenig Wasser mit Butter aufkochen, dann wird Fleischbrühe hinzugegossen und läßt sie gehörig ausquellen. Beim Anrichten über Rind- oder Kalbfleisch wird Citronensaft oder etwas weißer Wein hinzugethan und Muskate darüber gerieben.

Kohlrabi.

Sobald der Kohlrabi geschält und in dünne Scheiben geschnitten ist, nimmt man das Herz vom Grünen hinzu und wäscht Alles zusammen, kocht es im Wasser ab, welches wieder abgegossen wird, und schwengt ihn mit weniger Butter gut unter einander. Alsdann wird Fleischbrühe darauf gegossen, Mehl oder Semmel in Butter gelbbraun geröstet und mit dazu gethan. Beim Anrichten wird Muskate darüber gerieben, auch Klöschen und Blumenkohl dazu angerichtet und zu Rinds- oder Schöpfenfleisch gegeben.

Weiße Rüben.

Die Rüben werden geschält, gewaschen, geschnitten und in Rinds- oder Schöpsenbrühe, auch in Wasser mit Butter weich gekocht. Nun wird Mehl in Butter geröstet und in etwas Rübenbrühe klar gerührt, zu den Rüben gegossen; man thut außerdem etwas Kümmel und Zucker hinzu und läßt es zusammen aufkochen. Beim Anrichten kann man sie mit klarem Pfeffer bestreuen und Rind-, Schöpsen- oder Schweinefleisch dazu geben.

Kohlrüben

werden ganz so zubereitet, wie die weißen Rüben. Hierzu giebt man Rind- oder Rauchfleisch ꝛc.

Weißkraut.

Die äußeren Blätter werden abgemacht, das Kraut in vier Theile geschnitten, rein abgewaschen und dasselbe mit Kümmel im Wasser weich gekocht, gießt alsdann das Wasser wieder ab und läßt es in Fleischbrühe kochen. Sodann wird Mehl und klein geschnittene Zwiebel in Butter oder Fett gelbbraun geröstet, dazu gethan und zusammen aufkochen gelassen, nur daß die Viertelchen ganz bleiben. Hierzu giebt man Rind- oder Schöpsenfleisch, auch Gänse- und Schweinebraten ꝛc.

Auf diese Weise bereitet man auch Welschkohl.

Spargel.

Schöner starker Spargel wird der Länge nach abgeschabt, gewaschen, in Gebinde gebunden und in Wasser mit ein wenig Salz und Butter gekocht, aber nicht zu weich. Nun wird er auf eine Schüssel, die Gebinde auseinander und übereinander gelegt und die Brühe darüber gegossen, die auf folgende Art bereitet wird:

Man quirlt 2 Eßlöffel Mehl mit 4 Eidottern kalt untereinander, dann wird die Spargelbrühe bei beständigem Quirlen am Feuer dazu gegossen und mit ein wenig Essig und Muskate abgeschmeckt. Auch giebt man den Spargel, in kleine Stücken zerschnitten, zu Reis, Gräupchen, Petersilie und kleinen Klöschen.

Sellerie.

Der Sellerie wird geputzt und rein gewaschen, in runde oder viereckige Stücken geschnitten und in Rinds- oder Kalbsbrühe weich gekocht. Alsdann wird geriebene Semmel in Butter geröstet, dazu gethan, ein wenig anziehen gelassen und mit Muskate abgeschmeckt.

Man richtet es mit Rind- oder Kalbfleisch an.

Meerrettig.

Die Wurzeln werden gewaschen, abgeschabt, gerieben und mit geriebener Semmel in Fleischbrühe ein wenig kochen gelassen. Je weniger er kocht, desto schärfer bleibt er. Man kann auch ein Paar Eidotter mit einrühren, wovon er schön gelb wird. Derselbe wird über Rind- oder Schweinefleisch (auch Klöse als Nebenspeise) angerichtet.

Sauerkraut.

Man läßt das Sauerkraut 2 bis 3 Stunden

in Wasser kochen; wenn es sehr scharf ist, so wird
es einige Male abgegossen und in Wasser oder in
Fleischbrühe weich gekocht. Alsdann wird ein wenig
Mehl in reichlich Fett oder Butter gelbbraun geröstet, damit geschwengt und noch einmal durchge-
kocht. Wenn es angesetzt wird, kann man auch
ein wenig Wein oder Citronensaft dazu thun. Hierzu giebt man frisches, geräuchertes oder gepökeltes
Schweinefleisch, Bratwurst, Schinken rc.

Spinat.

Der Spinat wird gelesen, gewaschen, in kochendem Wasser mit Salz eine Viertelstunde kochen gelassen, umgerührt, dann in ein Geschirr gethan,
mit den Händen das Wasser ausgedrückt und auf
einem Brete fein gewiegt. Alsdann wird geriebene
Semmel und klein geschnittene Zwiebel mit Mehl
in Butter oder Fett geröstet, zusammen in einen
Topf gethan, mit Brühe angefüllt und aufkochen
gelassen, und so dünn gemacht, wie man ihn braucht.
Man giebt ihn zum Rindfleisch, rohen Schinken,
Coteletts rc.

Möhren.

Die Möhren werden geschabt, gewaschen, geschnitten, in einen Topf gethan und in Wasser mit
Salz (auch Rinds- oder Schöpsbrühe) weich gekocht.
Sodann wird Mehl in Butter oder Fett gelbbraun
geröstet, unterrührt, aufkochen gelassen und zu Rind-
oder Schöpsenfleisch angerichtet. Kocht man die Möhren in Fleischbrühe, so verlieren sie an Süßigkeit.

Zwiebeln.

Die Zwiebeln werden in Viertelstückchen geschnitten, in Wasser abgekocht, dann das Wasser weggethan und in Schöpsenfleischbrühe mit Kümmel und Salz weich gekocht. Hierauf wird geriebene Semmel in Butter oder Fett geröstet, unterrührt, ein wenig anziehen gelassen und zu Schöpsenfleisch angerichtet.

Porrée

wird ganz so zubereitet, wie die Zwiebeln, und zu Schöpsenfleisch angerichtet.

Pastinackwurzeln.

Diese werden rein abgeschabt, länglich geschnitten, dann gewaschen, in guter Fleischbrühe und mit etwas Ingwer und Pfeffer gekocht. Alsdann werden Semmelkrumen in Butter geröstet hinzugethan; man schwengt sie dann um und läßt sie zusammen aufkochen. Sie werden bald weich, nur dürfen sie nicht zerrührt werden.

Nudeln zu machen.

½ Mäßchen Mehl thut man in eine Schüssel, 4 Eier (auch Safran) dazu, macht davon einen Teig, treibt ihn mit einem Rollholze so dünn als möglich aus, unterstreut ihn oft mit Mehl, damit er nicht anhängt. Je fester er ist, desto dünner läßt er sich austreiben. Dann schneidet man ihn in breite Streifen, legt diese übereinander, schneidet dies der Quere nach recht fein und streut nun die Nudeln etwas breit.

Diese Nudeln kocht man in 3 Kannen kochender Fleischbrühe eine Viertelstunde gut, rührt sie um, läßt sie ausquellen und richtet sie mit Muscate an. Auch werden sie abgezogen. Man kann sie auch in 2 Kannen Milch dick einkochen und mit Zucker und Zimmt bestreuen.

6. Geflügel.

Eine Gans zu schlachten und zu braten.

Soll die Gans abgeschlachtet und das Blut zum Gänseschwarz genommen werden, so beugt man den Hals krumm und schneidet dicht am Kopfe in's Genick, läßt sie gut ausbluten und quirlt das Blut während des Fangens in Essig. Das Rupfen der Federn muß so schnell wie möglich geschehen, damit die Gans nicht erkalte. Ist sie nun rein gerupfet, so wird sie gesengt, Flügel und Füße im Gelenke abgeschnitten und in kochendem Wasser gebrüht. Wenn dies geschehen ist, so wird sie noch einmal in kaltem Wasser abgewaschen und darin liegen gelassen, bis sie kalt und das Fett inwendig hart ist, dann wird sie gehörig ausgenommen, das Fett von den Därmen abgelöst, Gurgel und Schlund herausgenommen, der Magen aufgeschnitten, die dicke Haut abgezogen, die Blume und das Darmfett besonders in kaltes Wasser gelegt, rein ausgewaschen und die Leber wieder besonders gelegt. Flügel und Füße nimmt man zum Gänseklein und reinigt den Körper vollends durch Brühen. Die Gans wird nun innerhalb ausgebrüht und mit Salz eingerieben, Beifuß und Borsdorfer Aepfel hinein gesteckt. Dann heftet man die Oeffnung zu, salzt sie von außen und bratet sie in der Bratpfanne mit so viel Wasser, als nöthig ist, unter öfterem Begießen mit der Brühe schön gelbbraun. Man kann die Blume und das übrige Fett gleich mit auf die Gans legen und mit ausbraten lassen; es bekommt so einen besseren Geschmack, als wenn man es im Tiegel auskreischt.

Ente zu braten.

Es ist dieselbe Zubereitung wie bei der Gans, indessen werden Hals und Flügel nicht abgeschnitten, die Augen aber ausgestochen und der Schnabel abgehackt, Magen und Leber gewiegt, mit geriebener Semmel, Butter und Eiern vermischt und die Ente damit, oder mit Aepfeln, sowie auch nur mit Beifuß gefüllt.

Junge Hühner und Tauben zu braten.

Nachdem die jungen Hühner und Tauben geschlachtet und gereinigt sind, klemme man ihnen den Kopf unter den einen und die Leber unter den andern Flügel, speile sie durch die Keulen und stecke den Speil noch durch die Augenlöcher. Den Tauben dagegen wird der Kopf abgerissen und der lange Hals unter die Flügel gesteckt. Ist das Geflügel mager, so wird es gespickt, außerdem auch mit Speckscheiben belegt. Eine Fülle von Butter, geriebener

Semmel und Eiern kommt gewöhnlich zu den Tauben. Zu den Hühnern macht man Folgendes: Hühnerherz, Speck und einige Zwiebeln werden gehackt und mit geriebener Semmel, Eiern und Pfeffer vermischt. Auch kann man ganze Speckscheiben hinein legen; außerdem auch blos mit gereinigter Petersilie füllen und unter öfterem Begießen mit steigender Butter schön gelbbraun braten.

Altes Huhn mit Reis.

Ein altes Huhn findet nur im Topfe seinen Platz. Ist das alte Huhn rein gemacht, auch gespeilert, so wird es mit Wasser und Salz 2, 3, auch 4 Stunden gekocht, bis es weich ist. Hierauf wird die Brühe durch ein Sieb über $1/2$ Pfund Reis gegossen und $1/2$ Stunde kochen gelassen; alsdann wird das alte Huhn ganz oder zerschnitten wieder hinein gelegt und so angerichtet. Den Reis kann man noch mit Butter, Salz und Muskate schmackhafter machen. Auch kann man mit dem alten Huhn 1 Zwiebel, Neuewürzkörner, Sellerie, Möhren und Petersilienwurzel kochen lassen.

Rebhühner zu braten.

Die Rebhühner werden wie junge Hühner behandelt, auf der Brust gespickt, und unter öfterem Begießen mit steigender Butter schön gelbbraun gebraten und nach Belieben mit geriebener Semmel bestreut.

Truthahn oder Truthenne zu füllen und zu braten.

Wenn sie gepflückt, ausgenommen und gereinigt

find, wässert man sie und läßt sie wieder ablaufen. Dann spickt man die Brust und Keulen, wie gebräuchlich, mit Speck; macht eine Fülle von Eiern, Butter, gestoßenen Muskatenblumen, kleinen Rosinen, gestoßenen Mandeln, Salz und geriebener Semmel, und rührt Alles gut untereinander. Diese Masse wird in den Kropf gefüllt, zugebunden und in der Pfanne unter öfterem Begießen braun gebraten.

Krammetsvögel, Schnepfen, Drosseln, Zippen, Lerchen und Kiebitze zu braten.

Diese Vögel kann man, ohne sie auszunehmen, braten, müssen aber fleißig mit steigender Butter begossen werden. Sind die Krammetsvögel bald gar, so bestreut man sie mit gestoßenen Wachholderbeeren und geriebener Semmel. Zu den Lerchen werden Weinbeeren in der Bratenbutter geschmort und mit Zucker und Zimmet bestreut.

Gänseleber zu braten.

Man zerschmelzt Gänsefett oder Butter, wendet die Leber in Mehl um, salzt sie gehörig und läßt sie mit einer klein geschnittenen Zwiebel und einer Nelke gut braten.

Gänseklein (Gänseschwarz) mit schwarzer Brühe.

Von der Gans werden die Flügel, der Hals, Kopf, Füße, Magen und Herz recht rein gewaschen, in Wasser mit ein wenig Salz weich gekocht und eine Brühe auf folgende Art bereitet:

*

Man quirlt das Blut von der Gans ein wenig und gießt es durch ein Sieb oder Durchschlag; nun reibt man für 1 Ngr. Pfefferkuchen und thut von der Brühe, worin das Gänseklein gekocht, so viel dazu, als man nöthig hat, auch ein wenig gestoßene Nelken und Neuewürze hinein und läßt es unter beständigem Quirlen aufkochen; ist es noch nicht sauer genug, so gießt man etwas Weinessig hinzu. Auch kann man etwas Pflaumenmus dazu thun. Man giebt es gewöhnlich zu Klösen.

7. Wildpret.

Alles Wildpret, wenn es frisch ist, wässert man nicht erst ein, sondern wenn es abgewaschen, bratet oder kocht man es sofort; dasjenige aber, was man nicht gleich verbraucht, wird in ein Geschirr gelegt, halb Essig und halb Wasser, oder auch saure Milch darauf gegossen, mit gestoßenen Wachholderbeeren bestreut, gut zugedeckt, an einen kühlen Ort gestellt und öfters umgewendet.

Wildpret zu kochen.

Wenn das Wildpret rein abgewaschen, wird es in Stücke geschnitten, mit kochendem Wasser, Salz, einer Zwiebel, etwas Neuewürze und zwei Lorbeerblättern an's Feuer gesetzt und so weich kochen gelassen, daß die Knochen davon abgelöst werden können. Nun wird das Fleisch so lange wieder in die warme Brühe gelegt, bis man eine andere auf folgende Art bereitet hat:

Man röstet ein dünnes Scheibchen Brot auf beiden Seiten gelbbraun; wenn es erkaltet ist, brockt man es in ein Töpfchen und läßt es mit Essig klar kochen. Nun röstet man ferner 1—2 klein geschnittene Zwiebeln in Fett, thut einen Eßlöffel Mehl dazu; wenn es braun ist, gießt man Wildpretsbrühe durch ein Haarsieb dazu und läßt es unter beständigem Rühren ankochen; zuletzt gießt man das in Essig klar gequirlte Brot dazu und läßt Alles zusammen aufkochen. Im Fall diese Brühe zu dick wird, so gießt man Essig oder Wildpretsbrühe dazu. Alsdann wird das Wildpret in dieselbe Brühe gelegt und ein wenig anziehen gelassen; nur muß man sich sehr hüten, daß es nicht anbrennt, sonst verliert es seinen guten Geschmack.

Hasenbraten.

Dem Hasen wird das Fell abgezogen, die Brust, die Vorderläufte, der Hals mit dem Kopfe abgeschnitten, (Geschlinge und Leber sind für das Hasenklein), das Schloß aufgeschnitten und das Waidloch gereinigt; hierauf wird er einige Zeit gewässert, gehäutet und gespickt. Nun thut man ihn mit Citronenscheibchen, Zwiebeln, Lorbeerblättern und Neuewürze, etwas Wasser und Salz, hochgelegt, in die Pfanne und läßt ihn unter öfterem Begießen mit saurer Sahne braten. Wenn er ein bis zwei Stunden gebraten hat, wird er gewendet, mit geriebener Semmel bestreut und ihn nochmals unter

fleißigem Begießen mit brauner Butter gut braten
gelassen. Auch kann man ein wenig Brotrinde mit
in die Brühe thun.

Hasen zu dämpfen.

Zerlege einen gewässerten, gereinigten und ab-
gezogenen Hasen in so viele Theile, als Portionen
nöthig sind. Nun thut man ein Stück Butter nebst
einer zerschnittenen Citrone, einer Zwiebel, etwas
Neuewürze und Wachholderbeeren in einen Dämpf-
tiegel, lege die Hasentheile dazu, gießt ein wenig
kochendes Wasser darauf und läßt ihn bei gelinder
Hitze unter fleißigem Begießen langsam dämpfen.
Vor dem Anrichten wird er noch mit brauner Butter begossen und zuletzt die Brühe durch einen
Durchschlag gegossen.

Hasenklein.

Wenn das Hasenklein rein gewaschen, wird es
mit Wasser, Salz, Zwiebeln, grobem Gewürz und
etwas Essig weich gekocht. Dann röstet man Mehl
mit etwas Zwiebel hochbraun, thut die Brühe von
dem Hasenklein dazu und läßt es mit dem Hasen-
fleisch nebst Kartoffeln und saurer Gurke aufkochen.
Ist die Brühe zu dünn, so wird sie mit geriebener
Brotrinde verdickt.

Schweinswildpret.

Wenn das Wildpret rein gewaschen, wird es
mit Nelken gespickt und gut gesalzen, auch eine mit
Nelken gespickte Zwiebel in die Pfanne dazu gelegt

und schön gelbbraun gebraten. Man kann es zu verschiedenen Salaten, auch Preiselbeeren geben.

8. Klöse.

Mehlklöse.

Man schneidet Semmelwürfel, röstet sie mit klein geschnittener Zwiebel in Butter oder Speck schön gelbbraun, thut dieses mit warmer Milch, Mehl, etwas Salz, zu einem Teig und macht davon Klöse, aber nicht zu fest. Alsdann thut man sie in kochendes Salzwasser und läßt sie eine halbe Stunde kochen. Will man sie probiren, ob sie gut sind, so sticht man mit einer Gabel in den Klos. Hängt sich kein Teich an, können sie herausgenommen und mit gebackenen, gekochten Birnen oder Pflaumen, oder auch blos mit brauner Butter angerichtet werden. Auch kann man Eier mit in den Teig schlagen, wovon sie aber fest werden.

Kartoffelklöse.

Große mehlige Kartoffeln werden geschält, und wenn sie kalt sind, gerieben; am besten ist es, wenn man sie Tags vorher abkocht. Hierauf schmort man würflich geschnittene Semmel in Speck oder Butter, auch eine klein geschnittene Zwiebel schön gelbbraun, schüttet sie zu den mit Mehl, Salz und Muskat

vermengten Kartoffeln und macht Klöse daraus.
Sie werden dann in kochendem Salzwasser oder
Fleischbrühe eine halbe Stunde kochen gelassen, her-
ausgenommen und wie die Mehlklöse angerichtet.
Wenn sie lange stehen, werden sie derb.

Fleischklöse.

Man nimmt Schweine- oder Kalbfleisch, schneidet es in Würfel, hackt es zu einem sehr feinen
Teig, schlägt ein Paar Eier dazu und rührt dies
nebst Salz, Muskate, geriebener Semmel, gewiegter
Citronenschale, Zwiebel und etwas Pfeffer recht gut
untereinander und macht kleine längliche Klöschen
daraus. Dann werden sie in Butter gebraten oder
in Fleischbrühe gekocht.

Griesklöse.

1½ Pfund Gries wird in 1 Kanne Milch
zu einem starken Teig gekocht, 5 abgequirlte Eier
und 2 in Würfel geschnittene und in Butter ge-
bratene Semmeln dazu gerührt, davon sticht man
Stückchen mit dem Löffel aus und siedet sie in
kochendem Wasser. Läuft der Teig noch, so wird
Gries dazu gerührt.

Butterklöschen.

Man rührt 4 Loth Butter mit 2 Eiern und
etwas Muskate zu Schaum, reibt alsdann 5—6 Loth
Semmel ganz fein, mengt dieses Alles gut untereinander und macht kleine Klöschen davon. Hierauf läßt man sie in kochender Fleischbrühe kochen,
und wenn sie obenauf schwimmen, sind sie gut, wo
sie alsdann gleich aufgetragen werden müssen.

Hefenklöse.

Von Mehl, Milch, Hefen und Salz wird ein Teig zubereitet und Klöse davon gemacht, die gemachten Klöse eine halbe Stunde liegen gelassen, damit sie gehen, dann in kochendem Salzwasser gut gekocht, auseinander gerissen und braune Butter hinein gegossen. Man kann gebackenes Obst darüber geben.

Wickelklöse.

Man nimmt Milch, Mehl uud einige Eier, welchert auf einer Kuchenschiebe einen Teig breit und bestreut ihn mit gerösteter Semmelkrume. Alsdann werden Streifen geschnitten und zusammengerollt, in Salzwasser gekocht und mit brauner Butter angerichtet.

Schinkenklöse.

Für einen Groschen Semmel schneide in feine Würfel, rühre 8 Eier und ein Tassenköpfchen voll Kartoffelmehl darunter, thue 3 in Würfel geschnittene und in ¼ Pfund Butter geröstete Semmeln, 1 Pfund abgekochten, fein gehackten Schinken und ein wenig Mehl dazu, rühre Alles durcheinander, mache Klöse davon, koche sie in Salzwasser und gieb sie mit gekochtem Obst.

Ein Schnitzenkloß.

Gebackene Birnen oder Pflaumen werden gewaschen, eine Bratpfanne oder Schmortopf halb voll damit gemacht, und so viel Wasser hinzugegossen, daß es darüber wegsteht; alsdann werden sie mit

gewöhnlichem Hefenteig bedeckt und im Back- oder
Bratofen zusammen backen gelassen. Auch kann
man unten hinein noch ein Stück Schwarzfleisch
oder Speck legen.

Rohe Kartoffelklöse.

Rohe Kartoffeln werden geschält, in Wasser
abgewaschen, dann in ein anderes Gefäß auf dem
Reibeisen gerieben, frisches Wasser darüber gegossen,
dasselbe mehrmals wiederholt und über Nacht stehen
lassen. Am andern Morgen wird mit dem Wasser
gewechselt und wie am Abend verfahren, denn dadurch, daß immer das alte Wasser abgegossen und
frisches genommen wird, werden die Klöse schön
weiß. Nun muß man die geriebenen Kartoffeln
in einem Tuche pressen, so daß das Wasser rein
herauskommt; die übriggebliebenen Kartoffelstückchen
werden in Wasser mit Salz weich gekocht, und so
dünn wie Suppe gequirlt. Hierauf wird das Geriebene in einem Gefäß auseinander gemacht und
mit dem Gekochten überbrüht, tüchtig untereinander
gearbeitet, und dann noch mit würflich geschnittener
Semmel, welche zuvor in Speck oder Butter geröstet, zu einem flüssigen Teig mit Salz untermengt. Alsdann macht man schnell Klöse, thut
sie in kochendes Wasser und läßt sie, bis sie oben
schwimmen, darin kochen. Man richtet sie gewöhnlich mit einer Bratensauce oder gebackenem Obst an.

9. Eierspeisen.

Eierkuchen.

Man weicht für 4 Pfennige Semmel in Milch ein; wenn dieselbe durchgeweicht ist, drückt man sie wieder rein aus, thut sie in einen Topf, schlägt 4—5 Eier, etwas Muskate und Salz hinzu und quirlt Alles gut durcheinander. Hierauf zerläßt man in einem Eierkuchentiegel etwas Butter, schüttet dann das Eingequirlte hinein und läßt den Kuchen unter beständigem Rütteln backen. Ist er nun auf der einen Seite schön gelbbraun, so stürzt man ihn auf einen Teller, thut noch einmal ein Stückchen Butter in den Tiegel und läßt den Eierkuchen auch auf der andern Seite gelbbraun backen.

Rühreier mit Pökling.

Man nimmt 2—3 Pöklinge, putzt und säubert sie gut ab und thut die Gräten rein heraus, wiegt sie auf einem Wiegebrete ganz klein und läßt dieselben in Butter ein wenig schmoren. Nun quirlt man in ein halbes Nösel Milch 4—6 Eier und 2 Löffel Mehl, schüttet dieses zu den Pöklingen, rührt es gut untereinander und bäckt einen Kuchen, wie den vorher beschriebenen, daraus. Auf die nämliche Art bäckt man Eierkuchen mit Speck oder kleingewiegtem Schinken.

Eier auf Butter.

Man thut etwas Butter in einen flachen Tiegel, setzt sie über's Feuer, und wenn sie wie Schaum in die Höhe steigt, schlägt man 7—8 Eier hinein, bestreut sie mit Salz und läßt sie über gelindem Feuer schön gelbbraun braten.

Eier hart und weich zu kochen.

Man thut Eier in kochendes Wasser, läßt sie fünf bis sechs Minuten kochen, nimmt sie dann heraus, drückt sie ein wenig und läßt sie schnell in kaltem Wasser abkühlen (sie schälen sich so viel leichter). Weich kocht man sie in zwei Minuten und sie werden mit Butter und Salz vermittelst eines Kaffeelöffels aus der Schale gegessen. Gefärbt werden die Eier mit Zwiebeln, grünem Korn 2c.

Saure Eier.

Es wird gesalzenes Wasser in einem Tiegel über's Feuer gesetzt, legt so viel Eier, als man nöthig hat, zur Hand und schlägt eins auf einmal in das kochende Wasser. Ist das Weiße am Ei hart, so nimmt man es mit dem Schaumlöffel heraus, thut es in eine Schüssel und verfährt so, bis die Eier alle sind. Nun nimmt man ½ Kanne Weinessig, quirlt 2 Eier und ½ Löffel Mehl hinein, gieße kochende Fleischbrühe oder Wasser hinzu, läßt sie unter beständigem Rühren am Feuer anziehen und richtet diese Brühe über den Eiern an. Auch kann man sie mit Zucker versüßen.

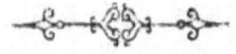

10. Fische.

Aal blau zu sieden.

Dem lebenden Aal greift man mit einem lei-
nenen Tuche hinter den Kopf, dann wird mit einem
Messer hinter den Ohren die Rückengräte durchge-
schnitten, so daß der Kopf daran hängen bleibt.
Alsdann wird der Bauch aufgeschnitten, das Eingeweide mit der Leber und Galle herausgenommen
und in beliebige Stücke geschnitten, abgewaschen
und in einer Kasserole oder Tiegel mit Wasser,
etwas Essig, Salz, Gewürze, so daß das Flüssige
darüber geht, nebst etwas Butter, welche das wahre
Fundament bei'm Sieden aller Fische ist, über's
Feuer gesetzt und kochen gelassen. Wenn er 15
Minuten langsam gekocht hat und er sich weich an-
fühlt, setzt man ihn bei Seite, deckt Papier darauf
und läßt ihn so zugedeckt noch ein Weilchen verkühlen. Beim Anrichten belegt man ihn mit Petersilie und giebt ihn mit Essig und Citrone.

Karpfen blau zu sieden.

Der Karpfen wird geschuppt, an dem Bauche
aufgeschnitten, das Eingeweide nebst Galle herausgenommen und letztere davon gethan, gespalten und
in beliebige Stücke geschnitten, nicht gewaschen, auf
eine Schüssel nebeneinander gelegt, die Schuppen
nach oben, mit $1/3$ Kanne heißem Weinessig begossen und so stehen gelassen, davon wird er blau.
Alsdann setzt man 2 Kannen Wasser mit gehörig

3*

Salz nebst Gewürze auf's Feuer und läßt es zusammen kochen, legt dann die Stücke, wie auch das Gebündel sammt dem Essig hinein. Läßt man ihn nun vier Minuten zugedeckt kochen, so wird er in die Höhe schwimmen, setzt ihn dann vom Feuer, deckt ihn mit Papier zu, läßt ihn darin verkühlen und giebt ihn noch blau oder kalt mit Essig zu Tische. Der übrig gebliebene Karpfen wird wieder in die Brühe gethan, wo man ihn im Winter wochenlang aufbewaren kann. Die Brühe muß aber darüber weggehen.

Karpfen mit polnischer Brühe.

Der Karpfen wird geschuppt, gespalten, in beliebige Stücke geschnitten und abgewaschen. Alsdann setzt man in einer Kasserole 1 Kanne Bier und ½ Kanne Wasser an's Feuer, nebst 2 Zwiebeln, 1 Möhre, 1 Stück Sellerie, länglich oder in Scheiben, wie auch 2 Lorbeerblätter, Citronenschale, gehörig Salz, Pfeffer, Neuewürze und 5—6 Nelken, läßt dies zusammen eine halbe Stunde kochen, damit die Wurzeln weich werden, legt dann das Gebündel mit dem Karpfen hinein, läßt ihn zugedeckt 10 Minuten scharf kochen, dann wird Zucker oder Syrup, etwas Pfefferkuchen und etwa 8—10 Loth Butter, sowie ⅛ Kanne Weinessig hinzugethan und noch 4 Minuten sacht kochen gelassen und dann angerichtet. Auch läßt man das Karpfenblut in Essig tröpfeln und gießt dieses zuletzt beim Kochen in die Brühe.

Karpfen in Butter gebacken.

Wenn der Karpfen geschuppt, gespalten und

in Stücken ist, so wird jedes Stück inwendig mit Salz eingerieben und in eine Schüssel gelegt; dann bleibt es zugedeckt eine Stunde stehen. Nachher wird das Schleimigte mit einem reinen Läppchen wieder gut abgewischt, die Karpfenstücken werden in Mehl, mit grobem Griese vermengt, hernach umgewendet, an heiße Butter in eine Kasserole gethan und schön gelb oder knorplich gebacken.

Gründlinge oder kleine Fische zu backen.

Die Fische werden gereinigt, in Salz und Mehl umgewendet, in eine Pfanne, worin steigende Butter oder Schmalz ist, gelegt, so daß die Köpfe herauswärts liegen. Man bäckt sie auf der einen Seite gelbbraun, wendet sie um und bäckt sie auf der andern Seite auch schön gelbbraun.

Forellen blau zu sieden.

Die Forellen werden ausgenommen, gewaschen und mit warmem Essig begossen. Nun setzt man einen Kessel mit Wasser an und salzt es hinlänglich; wenn nun das Wasser zu sieden anfängt, so legt man die Forellen hinein und läßt sie gut sieden; sind sie gahr, so schüttet man kaltes Wasser darüber und deckt sie bis zum Anrichten zu. Sie werden mit Weinessig, Citrone und Butter aufgetragen.

Hecht blau zu sieden.

Man schneidet dem Hechte den Bauch auf, nimmt Leber und Gedärme heraus, spaltet ihn der Länge nach, schneidet ihn in Stücken und legt diese 10 Minuten lang in kaltes Wasser; dann setzt man ein Kasserol mit 2 Kannen Wasser, einigen Lothen

Salz, einigen Zwiebeln, Pfeffer und einigen Lorbeerblättern aufs Feuer. Kocht dies, so legt man
den Hecht hinein, so daß das Wasser darüber geht, und
läßt ihn vier Minuten zugedeckt kochen. Man
kann den Hecht mit Wein-, Senf- oder Butterbrühe
geben.

Heringe zu mariniren.

Die Heringe müssen 24 Stunden wässern,
indessen aber öfters frisches Wasser erhalten; dann
wird der Bauch aufgeschnitten, die Milch herausgenommen, gehäutet und in Töpfe oder Gläser
eingeschichtet, Gewürze und Kräuter dazwischen ge-
streut, als Pfeffer, Neuewürze, Nelken, Lorbeerblätter
und Citronenscheibchen. Die Heringsmilch wird
klein gewiegt, in einem Topfe mit halb Wasser und
Essig recht zerquirlt und durch einen Durchschlag auf
die Heringe gegossen, daß es darüber steht.

11. Krebse.

Krebse zu kochen.

Die Krebse werden lebendig in einen Topf
kochendes Salzwasser mit Kümmel gethan, wenn
man zuvor die Schwanzfedern ausgezogen hat; so
3 Minuten kochen gelassen, dann das Wasser abgegossen und angerichtet.

Krebsbutter.

15—20 Stück Krebse werden in Salzwasser 3 Minuten gekocht, dann abgegossen, Schwanz, Gerippe, Scheeren und Füße in einem Mörser recht klein gestoßen, ein Stück Butter in der Kasserole auf's Feuer gesetzt, und wenn dieselbe anfängt zu steigen, das Gestoßene hinzugeschüttet und unter öfterem Umrühren so lange braten gelassen, bis die Butter roth wird. Alsdann wird kochendes Wasser dazu gegossen und aufkochen gelassen, dann durch ein Sieb in ein Geschirr gegossen und das Gestoßene noch mit kochendem Wasser gut durchgespült, so daß alle Butter losgeht. Erkaltet nimmt man sie herunter und verwendet sie zum Gebrauch.

12. Salate.

Selleriesalat.

Der Sellerie wird abgeputzt, in Wasser ab- oder weichgekocht, in Scheiben geschnitten, mit Essig und Oel begossen und angerichtet, auch mit grünem Pfeffer bestreut. — Auf diese Weise bereitet man auch Rhapuntikasalat.

Gurkensalat.

Die Gurken werden geschält, in dünne Scheibchen gehobelt, mit Salz bestreut, eine Stunde stehen

gelaſſen, dann das Waſſer abgegoſſen, mit Eſſig
gut untermengt, mit Provenceröl angerichtet und
mit viel Pfeffer beſtreut, wodurch ſie leicht verdau-
lich werden, auch mit gekochten Eidottern belegt.

Bohnenſalat.

Man nimmt ſchöne junge Bohnen, putzt ſie,
ſchneidet oder bricht ſie in ſchräge Stückchen und
kocht ſie in Salzwaſſer weich; alsdann wird das
Waſſer durch einen Durchſchlag rein ab- und Eſſig
darüber gegoſſen, läßt ſie kalt werden und ſtreut
beim Anrichten Oel und Pfeffer darüber.

Kartoffelſalat.

Gekochte warme Kartoffeln werden in Scheiben
geſchnitten, geſalzen, mit Eſſig und einer fein ge-
ſchnittenen Zwiebel gut untermengt und mit Provenceröl und Pfeffer angerichtet. Man kann auch
noch Verſchiedenes hineinmiſchen, als: Schnittlauch,
Sardellen und Gurken, auch mit Kalbsbraten be-
legen.

Aepfelſalat mit Hering.

Stettiner Aepfel werden geſchält, würflich oder
länglich geſchnitten, in ein Geſchirr gethan, mit
Eſſig, Provenceröl, Zwiebel, Zucker, Salz und
Pfeffer untermengt und einige Stunden ſtehen gelaſſen. Alsdann ſchneidet man 2 Heringe in beliebige Stücke darunter.

Staudenſalat.

Der Staudenſalat wird geleſen, rein abge-
waſchen, in eine Schüſſel mit Eſſig, Oel, Salz

und nach Belieben auch klein geschnittenen Zwiebeln oder Schnittlauch gethan und Alles gut untereinander gemengt.

Krautsalat.

Man macht von dem Kraut die schmuzigen Blätter ab, schneidet alsdann die Krautköpfe halb auseinander und schneidet es auf dem Hobel ganz fein, vermengt es mit Salz und klopft es mit einem hölzernen Teller gut. Hierauf wird Speck kleinwürflich geschnitten, läßt ihn zerschmelzen und gießt Essig dazu. Wenn er siedet, wird das gesalzene Kraut damit abgebrüht, bedeckt es und läßt es stehen. Alsdann gießt man den Essig wieder ab, siedet ihn wieder auf und wiederholt das Abbrühen noch einige Male.

Warmer Krautsalat.

Das gescherbte oder gehobelte Kraut wird gehörig mit Salz vermengt. Alsdann wird Butter oder Speck in einer Kasserole geschwitzt, das Kraut hinein gethan, die Kasserole zugedeckt und unter beständigem Umrühren ein bis zwei Stunden langsam dunsten gelassen, bis es weich ist. Hierauf wird in einen Topf 1 Ei, 1 Eßlöffel Mehl und ⅓ Kanne Essig gequirlt und dies über das Kraut gegossen, dann werden länglich geschnittene Pflaumen oder Weinbeeren dazu gethan und zusammen am Feuer noch ein Weilchen dämpfen gelassen; bestreut es mit Zucker, rührt es um und läßt es bis zum Anrichten zugedeckt. Man muß das Kraut gleich von Anfang an fleißig umrühren, sonst brennt es leicht an.

13. Pudding und allerhand Gefülltes.

Griespudding.

Man kocht von 3 Nöseln Milch und ½ Pfund Weizengries einen Brei, der aber nicht klumpig sein darf, rührt dann ein Viertelstückchen Butter zu Rahm, schlägt 6—8 Eidotter und thut abgeriebene Citronenschale und Zucker nach Belieben dazu. Hierauf rührt man den abgekühlten Brei darunter, thut zuletzt das zu Schnee geschlagene Eiweis dazu und läßt Alles zusammen in einer Form backen, wenn man zuvor die Form mit Butter ausgestrichen und mit geriebener Semmel bestreut hat. Auf diese Weise bereitet man auch Reispudding.

Kartoffelpudding.

Gekochte und kalt gewordene Kartoffeln werden gerieben, die dazu bestimmte Butter zu Sahne gerührt, Eier, Zucker und abgeriebene Citronenschale, sowie ein wenig Salz dazu gethan und Alles recht tüchtig untereinander gerührt, und so fortgefahren, nachdem schon die Kartoffeln und etwas geriebene Semmel dazu gekommen sind. Die Masse zu diesem

Pudding muß recht dick eingerührt und ja das Hin-
zugießen aller Flüssigkeiten dabei vermieden werden,
indem sonst der Pudding nicht zusammen hält. Derselbe muß eine Stunde backen und wird alsdann
angerichtet. Man kann ihn auch mit einer Milch-
oder Obstsauce, oder auch blos mit zerlassener Butter anrichten.

Pfannenfülle von Kirschen.

Man nimmt 3—5 Schock saure Kirschen, je
nachdem sie groß oder klein sind, beert sie ab und
mischt eine gute Quantität klaren Zucker den Abend
zuvor darunter. Am Tage darauf weicht man für
1 Groschen Semmel in 2 Kannen Milch ein; hat
sie genug geweicht, so schlägt man 6—8 Eier und
2 Eßlöffel Mehl dazu, quirlt Alles gut zusammen,
doch so, daß von der Semmel kleine Stückchen bleiben, und thut noch ein wenig Salz, gestoßenen
Zimmet und Kardamomen dazu. Hierauf nimmt
man 6 Loth Butter, klebt damit die Pfanne gut
aus, schüttet die eingezuckerten Kirschen zu der ein-
gequirlten Milch, rührt es mit einem Rührlöffel
noch gut untereinander, schüttet es dann in die
mit Butter ausgeklebte Pfanne und setzt es in den
heißen Brat- oder Backofen. Wenn die Fülle schön
gelbbraun ist, dann muß sie herausgenommen werden. Man läßt sie ein wenig verkühlen, ehe man
sie anschneidet und streut beim Auftragen noch Zucker
und Zimmet darüber.

Pfannenfülle von Birnen.

12—18 gute Kochbirnen (nach Verhältniß
ihrer Größe) werden geschält, und wenn man zuvor

die Kribse herausgenommen, in beliebige Stückchen
geschnitten. Nun klebt man eine Bratpfanne gut
mit Butter aus, thut die zerschnittenen Birnen in
dieselbe, setzt sie in den Bratofen und läßt sie erst
für sich allein ein wenig anbraten; dann quirlt
man die nämliche Fülle, wie bei den Kirschen, ein,
schüttet sie über die Birnen und läßt sie schön gelb
backen. Zuletzt streut man Zucker und Zimmet
darüber.

Auf die nämliche Art macht man die Fülle
von Borsdorfer Aepfeln und Fülle von
Pflaumen, nur müssen bei diesen zuvor die Kerne
herausgeschnitten werden. Die Fülle kann man
überhaupt dann am besten backen, wenn man den
Braten aus dem Backofen genommen hat; sollte
der Ofen nicht noch so viel Hitze haben, daß die
Fülle gehörig steigen kann, so giebt man ihm noch
etwas Feuer.

Charlotte von schwarzem Brot und Aepfeln.

Geschälte und fein geschnittene Aepfel werden
mit recht viel Zucker, Zimmt, kleinen Rosinen und
Nelken (wer will, kann auch Citronat mit dazu
thun) untermengt, so auch mit Zucker untermengtes
schwarzes geriebenes Brot, und in einer stark mit
Butter ausgestrichenen Pfanne oder Napf gebacken.
Es wird erst eine Schicht von dem Brote, nun
etwas Butter, dann wieder Aepfel, Brot und wieder Butter und sofort, bis die Pfanne oder der
Napf derb und voll gedrückt ist, hineingelegt, dann
mit Semmelscheiben belegt und 2 Stunden bei we-

nig Hitze gebacken. Sollten die Semmelscheiben
oben zu braun werden, so werden sie mit naßge-
machtem Papier zugedeckt. Auch darf man die
Pfanne oder den Napf nicht in die bloße Röhre
stellen, sondern muß einen Dachziegel unterlegen.

Mehlspeise von Chocolade.

Man rührt 6 Loth Butter mit 4 Dottern
und 4 Loth Zucker gut ab; dann werden 11 Loth
Semmel in ¼ Kanne gute Milch geweicht, wieder
ausgedrückt und zerrieben. Nun wird der Schnee
von den Eiern nebst 4 Loth geriebener Chocolade
dazu gethan und in einer mit Butter ausgestrichenen Form, welche auch noch mit schwarzem geriebenen Brote ausgestreut ist, bei wenig Hitze eine
Stunde gebacken und mit einer Chocoladensauce
gegeben.

Mehlspeise von grobem Weizengries.

1 Kanne Rahm oder gute Milch wird mit 6
Loth Zucker und 8 Loth Butter über's Feuer gesetzt. Sobald es kocht, thut man ½ Pfund von
dem Weizengries unter stetem Rühren hinein und
läßt es ¼ Stunde ausquellen. Alsdann schlägt
man noch 5 Eier dazu, etwas Citronensaft und
4 Loth gewiegte Mandeln, bäckt es in einer Form,
die aber zuvor mit Butter ausgestrichen werden
muß, bei wenig Hitze 1—1½ Stunde.

Mehlspeise von Kartoffeln und kleinen Rosinen.

8 Loth Butter werden mit 4 Eiern gut durch-
rührt, thut 5 Loth Zucker, Citronensaft, 15 Loth

geriebene Kartoffeln (welche aber Tags vorher abgekocht werden müssen) und 4 Loth kleine Rosinen
dazu und bäckt dies in einer Form, welche man
zuvor mit Butter ausgestrichen, bei wenig Hitze
eine Stunde. Auch kann man 3—4 Loth gestoßene
und einige bittere Mandeln darunter rühren.

Citronen-Mehlspeise.

Eine Citrone wird ganz weich gekocht, in einem
Reibe-Napfe ganz fein gerieben; dann das Gelbe
von 10 Eiern, 9 Loth Zucker und zuletzt der Schnee
der Eier darunter gerührt. Die Form wird mit
Butter ausgestrichen und die Speise eine Stunde
lang gebacken.

14. Eingemachte Gemüse und Früchte.

Eingesalzene grüne Bohnen.

Hierzu werden ganz junge Bohnen genommen.
Man zieht die Fasern rein ab, schneidet sie, wie gewöhnlich, fein schieferig und schüttet sie einstweilen
in ein Faß. Auf eine Wasserkanne voll geschnittener Bohnen kann man immer vier Hände voll Salz
rechnen. Wenn nun die Bohnen recht mit Salz
untermengt sind, so werden sie immer nach und nach
in die dazu bestimmten Fäßchen so derb wie mög-

lich gelegt; wer will, kann auch Pfefferkraut und Estragon dazwischen thun, die Fäßchen gut zugespündet und so an einem frischen Orte aufbewahrt. Sobald sie nun gekocht werden sollen, müssen sie am Abend zuvor einige Male abgewaschen und in frisches Wasser gelegt werden. Den Tag darauf kocht man sie mit Wasser halb weich, gießt dann das Wasser wieder weg und kocht sie in guter, nicht zu sehr gesalzener Fleischbrühe vollends gar.

Gurken in Salzwasser.

Man nimmt schöne grüne Gurken von mittlerer Größe, welche nicht gelbfleckig sind, legt sie in frisches Wasser, wäscht sie rein ab und läßt sie wieder rein ablaufen. Hierauf werden sie schichtweise in einen steinernen Topf oder in ein Fäßchen gethan, dazwischen legt man etwas fein geschnittene Tille, saures Kirschlaub, etwas Pfefferkraut und etwas Fenchel. Nun rührt man in eine Wasserkanne voll Brunnenwasser so viel Salz, daß es wie eine versalzene Suppe schmeckt, gießt es auf die Gurken, daß es über diese steht und beschwert es dann durch einen hölzernen Deckel mit einigen Steinen, oder spündet es zu. Sollen sie schnell gut werden, so stellt man sie an einen warmen Ort.

Pfeffergurken.

Hierzu werden kleine, saubere Gurken ausgesucht, rein abgewaschen und schichtweise mit Estragon, Fenchel, Pfefferkraut, einigen Lorbeerblättern, etwas gestoßenem Pfeffer und Salz in einen steinernen Topf oder in ein Fäßchen gelegt. Hierauf kocht man guten Essig in einem reinlichen Topfe, schäumt ihn gut ab, gießt ihn auf die Gurken, daß er darüber geht und läßt sie einige Tage stehen. Nun wird der Essig wieder abgegossen, macht ihn nochmals heiß und gießt ihn abermals darüber. Dies wiederholt man einige Male, läßt sie alsdann kalt werden, spündet dann die Fäßchen oder bindet die Töpfe gehörig zu und stellt sie dann an einen kühlen Ort.

Senfgurken.

Große reife Gurken werden geschält, in vier Theile geschnitten, mit einem Löffel die Kerne herausgemacht, gut eingesalzen und eine Nacht stehen gelassen. Dann werden sie gut abgetrocknet, in einen Topf gelegt und kochender Weinessig darüber gegossen. Nach 3 bis 4 Tagen kocht man denselben Essig wieder auf, legt die Gurken schichtweise mit ganzen Nelken, Pfefferkörnern, Knoblauch, in Scheiben geschnittenem Meerrettig, Lorbeerblättern, Estragon, Ingwer und ganzem Senf in den Topf, gießt dann den kochenden Essig darüber, daß die Gurken damit bedeckt sind und bindet den Topf gut zu.

Auf die nämliche Art werden die grünen Bohnen eingelegt. Kleine Zwiebeln und rothe Rüben werden in Essig gelegt.

Pflaumen einzumachen.

Hierzu nimmt man schöne reife Pflaumen, wäscht sie ab, sticht hin und wieder mit der Gabel Löcher hinein und legt sie in ein Gefäß. Alsdann siedet man 2 Pfund Zucker, etwas Zimmet und Nelken in einer Kanne Weinessig, gießt ihn heiß über die Pflaumen und läßt sie so 24 Stunden stehen. Alsdann wird der Weinessig wieder abgegossen, noch einmal eingesotten und kochend darüber gethan. So läßt man sie wieder 24 Stunden stehen, dann kocht man Alles zusammen einmal auf, läßt es erkalten und stellt es gut verwahrt in einen Keller.

Preiselbeeren einzumachen.

Man setzt eine Casserole voll solcher Beeren auf gelindes Feuer, daß sie allmählich kochen, jedoch so, daß die Beeren ganz bleiben; dann nimmt man sie vom Feuer, läßt sie etwas abkühlen, thut sie in steinerne Gefäße und bindet sie erst am folgenden Tage zu. Die zum Verspeisen herausgenommenen werden mit Zucker und Zimmet bestreut.

Kirschen in Essig.

Man schneidet von reifen sauren Kirschen die Stiele halb ab, schichtet sie dann mit Zimmet und Nelken in Gläser oder Töpfe ein, siedet, wie bei den Pflaumen, den Weinessig oder Zucker auf und gießt ihn heiß über die Kirschen, so daß der Essig darüber steht. Nach 24 Stunden kocht man diesen Essig von Neuem auf nebst etwas Zucker, und gießt ihn verkühlt auf die Kirschen, worauf man sie, gut verbunden, an einen kühlen Ort stellt.

Heidel= oder schwarze Beeren einzumachen.

Man setzt eine Casserole voll solcher Beeren

*

auf gelindes Feuer, läßt sie ein wenig kochen, jedoch so, daß die Beeren ganz bleiben; dann nimmt man sie vom Feuer, läßt sie etwas abkühlen, thut sie in steinerne Gefäße und bindet sie erst am folgenden Tage zu. Die zum Verspeisen herausgenommenen werden mit Zucker und Zimmet bestreut.

15. Warme und kalte Getränke.

Limonade.

Dieses im Sommer so sehr erquickende Getränk wird sehr leicht bereitet, wie folgt: Zu ½ Kanne kaltem Wasser wird der Saft einer Citrone oder Citronenscheiben, sowie Zucker nach Belieben, auch etwas weißer Wein genommen. Wer will, kann dieses auch noch durch ein feines Sieb gießen.

Negos.

Man setzt eine Kanne rothen Wein mit etwas ganzem Zimmet und ganzen Nelken, zusammen ein halbes Loth, ein wenig Muskate und 10 Loth Zucker auf's Feuer, läßt es langsam und zugedeckt bis zum Kochen werden, gießt es dann durch ein reines Tuch und giebt es heiß.

Grog.

Gieße einen Theil Rum oder Arac, dann drei Theile kochendes Wasser in Gläser, und süße es nach Belieben.

Bischof.

2 Stück Pommeranzen werden gestochen und in einer töpfernen Kasserole auf Kohlen oder in der Röhre unter stetem Umdrehen braunfleckig gebraten. Alsdann schneidet man sie in Viertel, thut sie nebst Zimmet, Nelken und ½ Pfund Zucker in eine Terrine, gießt eine Flasche rothen Wein darüber und läßt es zugedeckt unter öfterem Umrühren 8 Tage stehen. Alsdann wird Alles durch ein leinenes Tuch gedrückt und gebraucht. Am schnellsten bereitet man ihn aus Essenz.

Cardinal

wird wie der Bischof bereitet, nur nimmt man statt des rothen, weißen Wein.

Warmbier.

Man setzt ½ Kanne Milch und 1 Kanne Bier, jedes allein, auf's oder an's Feuer und läßt es kochen. dann quirlt man drei Eidotter und ein Paar Messerspitzen Mehl in ein wenig kaltes Wasser oder Milch. Sobald nun die Milch und das Bier kocht, gießt man unter stetem Quirlen das Eingequirlte zu der kochenden Milch, alsdann das Bier dazu und läßt es zusammen mit Butter, Salz, Zucker und Zimmet unter beständigem Quirlen ein wenig wieder anziehen.

Ehe das Bier zu kochen anfängt, muß es gut abgeschäumt werden.

Glühwein.

4 Dotter, 2 Messerspitzen Mehl, ⅛ Kanne

Milch wird in einem Kannentopfe zerquirlt; dann gießt man ½ Kanne kochenden Wein dazu und läßt es aufkochen, schmeckt es mit 6 Loth Zucker, Zimmet und Citronenschale ab und trinkt es recht heiß. Auf die nämliche Art bereitet man: Glühendes Weißbier, auch Gose.

Punsch.

Lege in eine Terrine 1 Pfund Zucker, gieße 2 Kannen kochendes Wasser darüber und gieb den Saft von 2 Citronen und ½ Kanne Rum dazu. Wer es liebt, kann die Schale von 1 Citrone auf dem Zucker abreiben und das Wasser erst mit etwas Thee durchziehen lassen.

Eierpunsch.

Man nimmt zu ½ Kanne Arac ½ Kanne Wein, eben so viel Wasser, thut 1 Pfund Zucker, 10—12 Eier, den Saft von 4 und die abgeriebene Schale von 2 Citronen, setzt Alles in einem Kessel oder Topf über Kohlenfeuer und schlägt es so lange, bis es schäumt; man gieb ihn in Gläsern und trinke ihn recht heiß.

Wasser-Chocolade.

Man thut ¼ Pfund geriebene Chocolade in eine Kanne, gießt 4 Tassen warmes Wasser darauf, setzt es auf Kohlenfeuer und fängt sogleich stark an zu quirlen. Sobald es Schaum hat, wird derselbe mit einem Löffel nach und nach in die Tassen gethan, setzt dann die Kanne wieder auf's Feuer, läßt die Chocolade völlig kochen und gießt alsdann die kochende Chocolade in die Tassen.

Milch-Chocolade.

Auf 1 Kanne Milch nimmt man ein Viertel-
pfund Chocolade und 3 Eidotter. Die Chocolade
wird gerieben, in die kochende Milch gethan, und
wenn sie ein wenig gekocht hat, mit den Eidottern
abgequirlt.

Mandelmilch.

Man stößt ¼ Pfund süße und ½ Loth bittere Mandeln mit etwas Wasser sehr fein; dann
läßt man ¼ Pfund Zucker mit ¼ Kanne Wasser
aufkochen; wenn es kalt ist, wird es mit einer
Kanne kaltem Brunnenwasser zu den Mandeln gerührt, durch ein leinenes Tuch gestrichen und in
Flaschen gefüllt.

Himbeerwein.

Man zerdrückt die Himbeeren, preßt sie aus
und gießt den Saft durch ein Sieb. Zu jeder
Kanne Saft thut man 2 Pfund Zucker, 2 Kannen
weißen Landwein, kocht es zusammen auf; nachdem
es gut verkühlt ist, wird es in Flaschen gefüllt und
aufgehoben.

Aepfeltrank.

Man schält ungefähr zwölf Borsdorfer Aepfel
und kocht sie in einer halben Kanne Wasser eine
Stunde lang; man bediene sich aber hierzu eines
neuen und mit Wasser ausgekochten Topfes, der
oben zugemacht wird. Man preßt sie durch ein
Tuch, thut ein Quentchen Muskatennuß, etwas zer-

riebenes Brod, zwei Gläſer guten Wein und ſo viel Zucker hinzu, als nöthig iſt.

16. Verſchiedene Backwerke.

Brot zu backen.

Wenn man Brot backen will, ſo ſetzt man das Mehl den Abend zuvor in einem Backtroge in die warme Stube nahe am Ofen, dann theilt man es in der Mitte von einander, nimmt zu 4 Metzen Roggenmehl für 1 Groſchen Sauerteig und ungefähr 3 Kannen warmes Waſſer und ſäuert die Hälfte des Mehls ein. Das Waſſer muß gerade ſo warm ſein, daß man einen Finger darin leiden kann; beim Einſäuren muß man den Sauerteig gleich recht mit untereinander mengen, ſo daß Alles wie ein dicker Brei wird. Nun deckt man eine Decke über den Backtrog und über dieſelbe noch das Backtuch.

Am Morgen darauf knetet man die andere Hälfte des Mehls noch zu dem geſäuerten Teig, nimmt wieder zwei Kannen warmes Waſſer und arbeitet ihn ſo recht untereinander. Man muß wohl Acht geben, daß man nicht zu viel Waſſer dazu gießt und deshalb darauf ſehen, daß immer noch vorräthig Mehl da iſt, um dem Teige ſeine gehörige Feſtigkeit geben zu können. Nun läßt

man ihn 1 bis 2 Stunden am warmen Ofen stehen
und schickt ihn dann zum Bäcker, wo er vollends
ausgewirkt und in Brote abgetheilt wird, die dann
im Backofen gut gebacken werden.

Stollen (Wecken).

Zu 2 Metzen gutem Weizenmehl nimmt man
4 Kannen gute Milch, 4 Pfund Butter, 2 Nösel
gute Weißbierhefen, (oder ½ Pfund Stückhefen),
2 Pfund große und 2 Pfund kleine Rosinen, ¼
Pfund geschnittene Mandeln, 1 Loth gestoßene Muskatenblume, etwas Salz und 2 Pfund gestoßenen
Zucker, auch das abgeriebene von 2 Citronen. Die
kleinen Rosinen müssen einige Male gewaschen werden, und zwar so lange, bis das Wasser hell bleibt,
dann trocknet man sie mit einer Serviette gut ab
und liest sie recht fein. Die großen Rosinen werden blos mit einem trocknen Tuche abgerieben und
rein gelesen.

Sollen nun die Stollen zu einer bestimmten
Stunde gebacken werden, so muß man alles dazu
Gehörige zurecht gemacht haben, auch das Mehl
zuvor in die Stube nahe am warmen Ofen setzen,
damit es nicht kalt ist, wenn es gebraucht wird.
Alsdann wird das Mehl durchgesiebt, in die Back-
mulde (Backtrog) gethan, in der Mitte des Mehls
eine Höhlung gemacht, gießt in diese Höhlung zuerst
die Hefen, die aber kalt sein müssen, und vermengt
sie mit etwas Mehl; dann schüttet man die zerlassene
Butter (der Bodensatz muß zurückbleiben), die Rosinen, Mandeln, und was sonst noch dazu gehört,
über den Teig her, arbeitet Alles recht durcheinander,

und zwar so lange, bis der Teig anfängt, sich von den Händen abzulösen. Nun breitet man in einen Korb ein weißes Tuch, bestreut es gut mit Mehl, legt den Teig hinein und setzt ihn an den warmen Ofen und läßt ihn so lange gehen, bis er zum Bäcker getragen wird. Sobald die Stollen aus dem Backofen kommen, streut man, nachdem man sie mit Butter bestrichen, Zucker und Zimmet darauf, besprengt sie wohl auch mit Rosenwasser.

Bäbe oder Asch=, auch Dickkuchen.

Man bereitet den Teig dazu auf die nämliche Art, wie bei den Stollen, nur nimmt man etwas mehr Milch zum Einmachen, damit der Teig nicht so fest wie jener wird.

Hefenteig.

Die Hauptsache bei dem Hefenteig sind gute, frische. abgesetzte und abgewässerte Hefen; die besten aber, wenn man sie haben kann, sind Stückhefen, welche man sich am Tage vor dem Gebrauch besorgen und in einen Topf oder in eine Schüssel schütten und etwas Wasser darauf gießen muß, wodurch sich die Bitterkeit herauszieht; den andern Tag haben sich nun die guten Hefen zu Boden gesetzt und das Dünne gießt man langsam ab, damit jene nicht aufgerührt werden. Bei allen Hefenteigen ist es besser, wenn man die Hefen mit warmer Milch vereinigt, einen Theil von Mehl damit zu einem dünnen Teig anrührt und aufgehen läßt, was man das Hefenstück nennt; dadurch bekommen sie erst eine gewisse Kraft, besser wirken

zu können, wenn erschwerende Sachen, als Butter,
Eier, Zucker, Rosinen, Citronat und Mandeln hin-
zukommen. Auf 1 Pfund Mehl rechnet man 3 bis
4 Eßlöffel dicke abgesetzte, oder 2 Loth Stückhefen;
beide werden mit einer Achtelkanne warmer Milch
aufgelöst und das Hefenstück davon gemacht. Alles
Mehl zu Hefenteig muß recht trocken sein, ist es
das nicht, so setzt man es auf eine warme Stelle
und siebt es durch.

Von 1 Pfund Mehl, 1/2 Kanne Rahm, 6 Loth
Butter, 2 Eßlöffel Hefen, 1 Eßlöffel Zucker und 2
Dotter wird ein Teig gemacht, dieser auf Papier
ausgerollt, ein Rand formirt, mit Butter bestrichen,
dann mit der Masse bestrichen, wovon man einen
Kuchen backen will.

Quarkkuchen (auch Osterfladen).

Man rühre frischen Quark mit einem Rührlöffel klar und geschmeidig; dann wird Eier, Zucker,
Zimmet, Safran, Muskate, große und kleine Rosinen darunter gerührt. Die Masse wird fingerdick
auf einen Kuchen von Hefenteig mit Ei gestrichen
und eine halbe Stunde gebacken.

Aepfelkuchen.

Die Aepfel werden klein würflich oder in Scheiben geschnitten und von Hefenteig ein Kuchen gemacht, dann mit Butter bestrichen und mit den
Aepfeln belegt, eine Stunde gebacken und mit Zucker
und Zimmet bestreut.

Pflaumenkuchen.

Man mache einen Kuchen von Hefenteig mit

4

einem hohen Rande, bestreut ihn mit Semmel oder
Zwieback, belegt ihn mit halben frischen Pflaumen,
mit Zucker untermengt (auch mit Semmel oder
Gries bestreut) und bäckt ihn eine Stunde. Er
wird mit Zucker oder Zimmet bestreut und kalt
oder warm gegessen.

Kirschkuchen.

Die Kirschen werden Tags vorher gut einge-
zuckert und von Hefenteig ein Kuchen gemacht,
dann die Kirschen auf den mit einem Rande for-
mirten Kuchen gelegt, wenn man zuvor den Boden
mit Gries oder Zwieback bestreut hat. Er wird
eine Stunde gebacken und dann erst mit viel Zucker
bestreut.

Eben so bäckt man Heidel-, Johannis-
und Stachelbeerkuchen.

Polze oder Faustmauke.

Ein Zweikannentopf mit drei Viertel voll roh
geschälter und in Stückchen geschnittener Kartoffeln
wird mit Wasser und Salz an's Feuer gesetzt. Wenn
sie weich gekocht sind, wird das Wasser ab- und ¼
Mäßchen Mehl darauf gedrückt. Man sticht nun mit
einem hölzernen Löffel 2 bis 3 Oeffnungen durch
das Mehl bis an den Boden, gießt von dem abgegossenen Wasser die Oeffnungen wieder voll und
läßt es noch ein wenig am Feuer stehen, jedoch ohne
zu rühren. Wenn es 2 Minuten gestanden hat,
wird der Topf vom Feuer auf den Küchentisch gesetzt und mit einem hölzernen Löffel Alles gut durcheinander gearbeitet, so daß es eine derbe Masse wird.

Von diesem Klumpen wird etwas herausgenommen und mit dem Löffel in kleine Stücke, so groß wie ein halbes Ei, gerissen, in die Schüssel gethan, mit viel gebratenem Speck begossen und recht warm gegessen. Auch kann man von dem abgegossenen Wasser, worin die Kartoffeln gekocht sind, ein wenig zu dem zerlassenen Speck gießen.

Rosenbrötchen.

Man sammelt eine Schüssel voll frische aufge- blühte Rosenblätter, schneidet sie mit einem Wiege- messer recht fein, dann thut man sie in ein Geschirr mit so viel Weizenmehl, etwas Salz und Wasser, daß es wie Nudelteig wird, macht davon kleine Brötchen, wie eine Pfennigsemmel groß. Diese Brötchen werden mit der Hand etwas breit gedrückt, auf ein Blech oder Papier gelegt und in einem Brat- oder Backofen gebacken, bis sie hart und trocken sind. Beim Gebrauch reibt man sie auf einem Reib- eisen, läßt es in Milch auf gelindem Feuer aufkochen und würzt es nach Belieben mit Zucker und Zimmet. Auch werden sie im Mörser gestoßen, das Gestoßene in Gläser gethan und so verwahrt.

Pfannkuchen.

Ein Pfund feines trockenes Mehl wird in ein Geschirr gethan, 4 Eßlöffel dicke Hefen oder 2 Loth Stückhefen mit 1 Kanne warmer Milch in einem Topf zusammengequirlt, den dritten Theil von Mehl damit angerührt und an einem warmen Orte auf- gehen lassen. Indessen 9 Loth zerweichter Butter und 6 Eidotter schäumig gerührt, dieses nebst 4 Loth

Zucker, das Abgeriebene von einer Citrone, etwas Muskatenblume zu dem Mehl gethan und zu einem lockeren Teig gemacht. Dieser Teig wird auf einer Kuchenscheibe dick oder dünn ausgetrieben, an den vordern Rand etwas Eingemachtes oder Pflaumenmus mit einem Löffel gesetzt; nun schlägt man den Teig über das Gefüllte weg und schneidet mit einem Rädchen die Pfannkuchen ab, legt sie auf ein Bret, welches mit mehlbestreutem Papier belegt ist, läßt sie an einem warmen Orte aufgehen und dann in heißem Schmalz schön gelbbraun backen. Wenn sie gebacken sind, werden sie gleich heiß mit Zucker und Zimmet bestreut.

Plinzen.

Es wird ½ Pfund Mehl genommen; ferner werden 5 Eier in ½ Nösel Milch, 2 Eßlöffel dicke Hefen, Salz, Muskatenblumen untereinander gequirlt, auch nach Belieben kleine Rosinen, und Alles zu einem mehr dünnen als dicken Teig zusammengerührt. Nun stellt man es an einen warmen Ort und läßt es aufgehen; alsdann wird Butter in die Plinzenpfanne über Kohlenfeuer gesetzt; sobald sie anfängt zu bräunen, wird eine Obertasse voll von der Plinzenmasse hineingegossen und rasch gebacken. Wenn sie auf einer Seite gut sind, muß man sie sogleich umwenden, und nachdem sie herausgenommen worden, mit etwas Zucker und Zimmt bestreuen. Auch muß man während des Backens den Tiegel umrütteln, daß sich die Plinzen nicht anlegen.

Arme Ritter.

Man schneidet Mund- oder Zeilensemmel, auch

wohl Zwieback, in ½ Zoll dicke Scheiben, legt sie breit auf eine Schüssel, quirlt 3 Eier in ¼ Kanne Rahm oder Milch und begießt damit die in Scheiben geschnittene Semmel, daß sie gut durchweicht aber nicht zerfällt. Sodann wird dies in Butter auf beiden Seiten schön gelbbraun gebacken, auch vorher mit fein gestoßener Semmel oder Zwieback, dann mit Zimmet und Zucker bestreut und gleich so warm gegessen.

Windbeutel.

Man quirlt in ein halbes Nösel Milch fünf Löffel gutes Weizenmehl, vier Eier, etwas Zucker und drei Löffel Butter. Gießt dieses dann in kleine Formen, in welche man zuvor etwas Butter gegossen hat, und bäckt es. Sollten sie oben nicht genug braun werden, so wendet man sie um.

Omeletten.

6 Eier werden in ¼ Kanne guter Milch zerquirlt, nebst etwas Zucker und 4 Eßlöffel gutes Weizenmehl, dann Butter in der Eierkuchenpfanne zerlassen und 4 Eßlöffel von der Masse hinein gethan und gebacken. Wenn es unten braun und fest wird, wird es gewendet, noch etwas Butter hinzugethan und so gut gebacken. Alsdann die Omeletten mit Zucker und Zimmt bestreut, zusammengerollt und gleich zu Tische gegeben.

FSC
www.fsc.org
MIX
Papier | Fördert
gute Waldnutzung
FSC® C083411

Zeitfracht Medien GmbH
Ferdinand-Jühlke-Straße 7
99095 Erfurt, Deutschland
produktsicherheit@kolibri360.de